Fit für den Einzelhandel

Band 2

von
Bernd Gittel
Rudolf Grimm
Barbara Lämmermann
Helga Schiefer
Kerstin Walther
Peter Zitzmann

winklers

Vorwort

Die dreibändige Reihe „Fit für den Einzelhandel" orientiert sich an den Unterrichtsfächern für die Auszubildenden im Einzelhandel. Grundlage ist der KMK-Rahmenlehrplan für den Ausbildungsberuf „Verkäufer/-in" und „Kauffrau/-mann im Einzelhandel". Die Auszubildenden sollen mit den erforderlichen Fachkenntnissen auf die Tätigkeit im Einzelhandel vorbereitet werden.

Das Autorenteam gibt den Lernenden jeweils ein Fachbuch in die Hand, mit dem sie in die Lage versetzt werden, das im Unterricht mithilfe der Lehrkraft Erarbeitete nachzulesen bzw. den Stoff selbstständig zu erarbeiten. Auf Visualisierung wird dabei besonders Wert gelegt. Die methodischen Ansätze obliegen der pädagogischen Freiheit der einzelnen Lehrkraft.

Die analog zu den Bänden vorliegenden Arbeitshefte sind eine Unterstützung für den praxisorientierten Unterricht und dienen gleichzeitig zur Übung und Festigung des erworbenen Wissens. Zu den Lernfeldern 3, 8, 9, 11 und 13 gibt es außerdem zusätzliche Aufgaben im Buch.

Allen, die mit der Reihe lernen und lehren, wünschen wir viel Erfolg. Für Anregungen und Hinweise zur Verbesserung der Lehrbücher und Arbeitshefte sind wir jederzeit dankbar.

Das Autorenteam

Übersicht über die Inhalte der Bände:

Lernfelder	Band 1	Band 2	Band 3
1 Das Einzelhandelsunternehmen repräsentieren	x		
2 Verkaufsgespräche kundenorientiert führen	x		
3 Kunden im Servicebereich Kasse betreuen	x		
4 Waren präsentieren	x		
5 Werben und den Verkauf fördern	x		
6 Waren beschaffen		x	
7 Waren annehmen, lagern und pflegen		x	
8 Geschäftsprozesse erfassen und kontrollieren		x	
9 Preispolitische Maßnahmen vorbereiten und durchführen		x	
10 Besondere Verkaufssituationen bewältigen		x	
11 Geschäftsprozesse erfolgsorientiert steuern			x
12 Mit Marketingkonzepten Kunden gewinnen und binden			x
13 Personaleinsatz planen und Mitarbeiter führen			x
14 Ein Einzelhandelsunternehmen leiten und entwickeln			x

2. überarbeitete Auflage, 2007

Postfach 33 20, 38023 Braunschweig
Telefon: 01805 996696 Fax: 0531 708-644
service@winklers.de
www.winklers.de
Lektorat: Petra Griesenbeck, Meckenheim
Druck: westermann druck GmbH, Braunschweig
ISBN 978-3-8045-**5540**-2

Inhaltsverzeichnis

LF 9 Preispolitische Maßnahmen vorbereiten und durchführen

LF 10 Besondere Verkaufssituationen bewältigen

Bildquellenverzeichnis

BGE, Bonn LF 7, S. 25/1 + 2, S. 26/1 + 2
Bilderbox Fotoagentur, Thening LF10, S. 7
Gelbe Seiten Marketing, Hamburg LF 6, S. 5
MAN, München LF 6, S. 9
Niko Renkosik, Neumünster LF 9, S. 3/2
Resy GmbH, Darmstadt LF 7, S. 8/1
SVG-Westfalen-Lippe eG, Münster LF 7, S. 6
Fotostudio Weiss, Gersthofen LF 6, S. 13; LF 7, S. 8/2
Illustrationen: Detlef Surrey, Berlin
Infografiken: Claudia Hild, Angelburg
Fotos: Stefan Trux, Großkarolinenfeld
Umschlagfoto: KaDeWe Presseabteilung, Berlin

Trotz intensiver Nachforschungen ist es uns in einigen Fällen nicht gelungen, die Rechteinhaber zu ermitteln. Wir bitten diese, sich mit dem Verlag in Verbindung zu setzen.

Lernfeld 6

Waren beschaffen

1 Planung der Warenbeschaffung

„Im Einkauf liegt der halbe Gewinn!" Dieser Satz zeigt die Wichtigkeit der ersten Stufe im Leistungsprozess des Einzelhandelsunternehmens. Nur wenn ein sorgfältig geplanter Beschaffungsprozess stattfindet, können die beiden folgenden Leistungsstufen Lager und Absatz ihren eigenen Beitrag zu einer erfolgreichen Geschäftstätigkeit leisten.

1.1 Warenbedarf

Unter dem Bedarf versteht man die Art und Menge der Waren, die der Betrieb nach Einschätzung aller äußeren und inneren Einflüsse zur Erhaltung der Verkaufsbereitschaft benötigt.

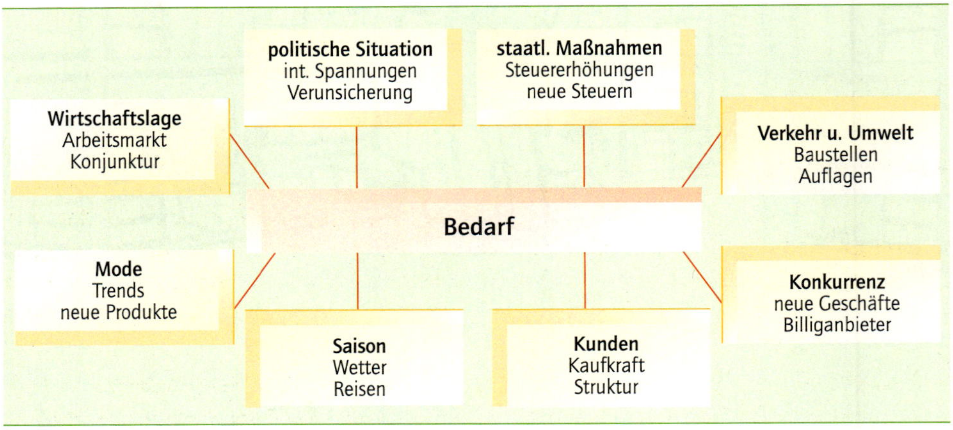

Alle diese Einflüsse sollte der Einzelhändler nach Möglichkeit bei der Bedarfsplanung in seine Überlegungen einbeziehen und durch vorsichtige bzw. optimistische Planung darauf reagieren.

Neben der Planung der reinen Warenmenge (siehe Kap. 1.2) muss immer auch die Optimierung des Sortiments im Blick behalten werden. Verließ sich der Kaufmann dabei früher auf die Analyse der Verkaufsdaten, die ihm seine Verkaufsstatistik geliefert hat, so gibt ihm heute ein **Warenwirtschaftssystem** schnellere und aussagekräftigere Dispositionsunterlagen (siehe LF 11, Kap. 12). Insbesondere die Listen der verkaufsstarken Artikel („Renner") und der verkaufsschwachen Artikel („Penner") sowie die Lagerbestandslisten liefern ihm Aufschlüsse über die derzeitige Zusammensetzung seines Sortimentes. Darauf aufbauend ergibt sich der künftige kundengerechte Aufbau des Warenangebotes (siehe LF 1, Kap. 3.4.1 und LF 12, Kap. 3.1).

1.2 Planung der Einkaufsmenge

Steht die Zusammensetzung des Sortiments fest, kann die genaue Berechnung der Bestellmengen erfolgen. Da es sich um Mengendispositionen handelt, orientiert man sich an den Stückzahlen (Absatz) bei der Berechnung, erst bei der Festlegung des Mitteleinsatzes stützt man sich auf die Umsatzzahlen (Warenwert).

Vorjahreszahlen	←	(aus der Mengenstatistik des Warenwirtschaftssystems)
± Absatzentwicklung	←	(Einschätzung der zukünftigen Entwicklung)
= **Planabsatz**	←	(Diesen Warenabsatz möchte das Unternehmen erreichen.)
– Lagerbestand	←	(Bestandsliste des Warenwirtschaftssystems)
– offene Bestellungen	←	(Bestellmengenliste des Warenwirtschaftssystems)
= **Bestellmenge**	←	(errechneter Bedarf für das Geschäftsjahr)

Auswirkungen auf die Bestellmengen ergeben sich, wenn man einen Teil des Sortiments ausgliedert, z. B. durch die Vermietung von Regalflächen an einen so genannten Regalgroßhändler (Rackjobber), da dessen Waren aus dem eigenen Bedarf entfallen.

6

1.3 Zeitpunkt der Warenbeschaffung

Die Berechnung der Bestellmenge gibt dem Einkäufer die Grenzen vor, innerhalb denen er nun versuchen muss, die Bestellungen zeitlich so zu verteilen, dass immer Ware zum Verkauf zur Verfügung steht, auf der anderen Seite aber keine zu hohen Lagerbestände entstehen. Die Verteilung der Bestellungen über das Jahr richtet sich zudem nach einer ganzen Reihe von Bedingungen, die der Einkäufer zu beachten hat.

- **Saisonartikel:** Beschaffung in größeren Zeitabständen, größere Mengen (Mode)
- **Lagersortiment:** kurzfristige Beschaffung möglich, kleine Bestellmengen (Lebensmittel)
- **Lagerfähigkeit:** Sind Waren verderblich oder über längere Zeit lagerbar?
- **Lagerkapazität:** Reicht der Lagerraum aus, um auch größere Mengen günstig zu beschaffen?
- **Lagerumschlag:** Wie schnell können die Waren umgesetzt werden?
- **Preisentwicklung:** Sind Preiserhöhungen/Preissenkungen zu erwarten?
- **Verfügbares Limit:** Stehen für Wareneinkäufe ausreichend Mittel zur Verfügung?

Zur Unterstützung des Einkäufers dienen Meldungen aus dem Verkaufsbereich bzw. dem Lager, wenn Nachbestellungen notwendig werden. Für jede Ware ist ein **Meldebestand** festgelegt. Sobald dieser erreicht ist, muss nachbestellt werden.

Meldebestand = Ø Tagesabsatz · Wiederbeschaffungszeit + Mindestlagerbestand

Ein **Mindestlagerbestand** (eiserner Bestand) sollte nach Möglichkeit stets vorhanden sein, um die Verkaufsbereitschaft zu erhalten, falls doch einmal unerwartete Lieferengpässe auftreten sollten (siehe LF 7, Kap. 3.6).

Arbeitet der Betrieb mit einem Warenwirtschaftssystem, dann vereinfacht sich die Überwachung der Bestände, da diese immer aktuell verfügbar sind. Das Programm meldet regelmäßig Beschaffungsvorschläge, auf die sich der Einkäufer stützen kann oder die er nach seinen Vorgaben, z. B. zur Sortimentspflege, abwandelt (siehe LF 11, Kap. 12).

1.4 Finanzierung der Warenbeschaffung (Limitrechnung)

Nicht nur die Einkaufsmenge muss sorgfältig errechnet werden, auch die Finanzierung ist sorgsam vorzubereiten.

Das Instrument für die Ermittlung der dem Einkäufer zur Verfügung stehenden Mittel, das Limit, ist die Limitrechnung.

Während bei der Ermittlung der Einkaufsmenge der Warenabsatz (Stückzahlen) als Grundlage dient, werden jetzt die jeweiligen Umsatzzahlen herangezogen. Wichtig ist dabei, dass die Umsatzzahlen auf die Beschaffungswerte zurückgerechnet werden, indem man den Warenrohgewinn (Handlungskosten, Gewinn und Umsatzsteuer) abzieht. Erhebliche Auswirkungen auf den Einsatz der Geldmittel hat ferner der Lagerumschlag. Je häufiger das Warenlager im Jahr umgesetzt wird, desto weniger Kapital muss eingesetzt werden, je länger die Waren im Lager bleiben, desto höher ist die Kapitalbindung.

	Planbasis	Umsatz der vorausgehenden Planungsperiode	600.000,00 €
±	Planvorgabe	erwartete Veränderung des Umsatzes (+ 5 %)	+ 30.000,00 €
	Umsatzziel	angestrebter Bruttoumsatz	630.000,00 €
–	Rohgewinn	Handlungskosten, Gewinn und Umsatzsteuer	– 310.000,00 €
	Wareneinsatz	Planumsatz zu Einstandspreisen (Bezugspreisen)	320.000,00 €
:	Lagerumschlag	Umschlagshäufigkeit des Lagers (LUG 4)	: 4
	Bruttolimit	Einkaufsmenge ohne Lagerbestände	80.000,00 €
±	Lageran-/-abbau	Lagerbestände und laufende Bestellungen	– 5.000,00 €
	Nettolimit	geplanter Kapitaleinsatz	75.000,00 €
–	Limitreserve	Limitreserve (10–30 %)	– 20 %
	freies Limit	freies Limit (Mittel für Wareneinkauf)	60.000,00 €

Limitrechnung

Das freie Limit steht dem Einkauf zur Beschaffung von Waren zur Verfügung. Dieser Gesamtbetrag muss nun zeitlich über die ganze Planperiode verteilt werden.

Daneben bedarf die Verwendung der Mittel durch die Limitkontrolle einer ständigen Überwachung. Dies geschieht durch die Ermittlung des Restlimits:

Restlimit = freies Limit – Wareneinkäufe

Für besondere Beschaffungsmöglichkeiten steht daneben noch die Limitreserve zur Verfügung, deren Verwendung in der Regel jedoch genehmigt werden muss.

2 Beschaffungsprozess

Sobald die Entscheidungen für die Warenbeschaffung gefallen sind, muss der eigentliche Beschaffungsprozess eingeleitet werden. Es gilt zunächst, die günstigste Bezugsquelle ausfindig zu machen, die Einkaufskonditionen sind sodann mit dem Lieferer zu klären und schließlich ist der günstigste Weg der Ware bis in das Geschäft festzulegen.

2.1 Ermittlung der Bezugsquellen des Einzelhändlers

Die einfachste Bezugsquellenwahl ist es, immer wieder bei dem gleichen Lieferer zu bestellen. Die heutige Wettbewerbssituation zwingt den Kaufmann jedoch dazu, auch den kleinsten Einkaufsvorteil auszunutzen. Im Einkauf wird um jeden Cent gerungen. Deshalb ist es von erheblicher Bedeutung, die günstigste Bezugsquelle ausfindig zu machen.

Die nächstliegende Informationsmöglichkeit über Lieferer bietet der eigene Betrieb, aber auch außerhalb des Betriebes bietet sich eine Fülle von Informationsquellen.

Warenwirtschaftssystem

Im Warenwirtschaftssystem sind die bestehenden Beziehungen zu Lieferern in zweifacher Weise gespeichert. Die spezielle **Liefererdatei** sammelt Informationen über das Warenangebot, die Angebotsbedingungen und Liefermöglichkeiten der Geschäftspartner sowie zusätzliche Informationen, z. B. über deren Zuverlässigkeit und Entgegenkommen in besonderen Beschaffungssituationen. Daneben gibt auch die **Artikeldatei** Hinweise auf die Lieferer der dort erfassten Artikel. Der Vorteil einer sorgfältig aufgebauten, gut gepflegten und immer aktuellen Liefererdatei liegt im schnellen Zugriff zu den Daten und Möglichkeiten der Lieferer (siehe LF 11, Kap. 12).

Lieferer

Die Hersteller oder Zwischenhändler von Waren haben natürlich großes Interesse daran, den Einzelhändlern ihr Warenangebot nahezubringen. Dies kann durch die Zusendung von Warenangeboten, Warenproben, Preislisten, Katalogen oder Prospekten geschehen, aber auch auf persönlichem Weg durch den Besuch von Firmenvertretern im Geschäft des Einzelhändlers.

Branchenadressbücher

Sucht ein Einkäufer Lieferernamen zu bestimmten Waren, kann er sich besonders einfach in den so genannten Branchenadressbüchern informieren. Dies sind nach Waren angeordnete Liefereradressen. Meistens sind diese heute nicht mehr in gebundener Form verfügbar, sondern man findet sie im Internet (www.gewusst-wo.de oder „Wer liefert was?" unter der Internetadresse www.wlwonline.de oder das „Deutsche Branchenadressbuch" unter www.branchenbuch.com).

Fachzeitschriften

Die Fachzeitschrift ist ein unentbehrliches Hilfsmittel des Einzelhändlers, bietet sie ihm doch eine Fülle von Informationen fachlicher und betriebswirtschaftlicher Art. Ganz nebenbei wird er auf Lieferer aufmerksam, die er bisher noch nicht kannte, und er kann auf einfache Art und Weise mit diesen in Kontakt treten, da oftmals eine E-Mail-Adresse, eine Internetadresse oder zumindest eine Faxnummer für die schnelle Kommunikation angegeben ist. Sollte der Einzelhändler keine passende Fachzeitschrift kennen, listet ihm das Internet unter www.fachzeitschriften-portal.de mehr als 2 700 Titel von Fachzeitschriften auf, zum Teil mit einem direkten Link zur Internetseite des Warenanbieters.

Messen und Ausstellungen

Gelegenheit zum direkten Kontakt mit den Ausstellern erhält der Einzelhändler durch den Besuch von Fachmessen, Firmenpräsentationen oder Ausstellungen zu Fachthemen.

2.2 Bezugsquellen des Einzelhandels

Bezugsquellen für den Einzelhandel sind

- der Großhandel (Import),
- Einkaufsvereinigungen (Einkaufsgenossenschaften, freiwillige Ketten),
- die Hersteller (Industrie, Handwerk, Landwirtschaft).

2.2.1 Großhandel

Der Großhändler hält ein umfassendes Sortiment des jeweiligen Fachzweiges bereit. Er übernimmt für den Einzelhändler weitgehend die **Lagerhaltung** und kann daher die Bestellungen des Einzelhändlers kurzfristig ausführen.

Beim **Cash-and-carry-System** (Selbstbedienung im Großhandel) holt der Einzelhändler die Ware selbst ab und bezahlt sie sofort an der Kasse des Großhändlers.

Schnell verderbliche Ware, wie Obst und Gemüse, wird vom **Großmarkt** (Markthalle) bezogen.

Regalgroßhändler (Rackjobber) erhalten im Verkaufsraum Regalflächen auf eigene Rechnung (häufig im Supermarkt mit Nonfoodartikeln, z. B. Schreibwaren, Batterien).

2.2.2 Einkaufsvereinigungen (Kooperationen)

Der Anschluss an eine Einkaufsvereinigung ist für die mittelständischen Betriebe des Einzelhandels notwendig, um sich gegenüber der Konkurrenz der Großbetriebe (Filialunternehmen, Kauf- und Warenhäuser) behaupten zu können. Durch den Zusammenschluss sichern sie sich ähnlich günstige wirtschaftliche Bedingungen wie diese.

Vorteile dieser Einkaufsvereinigungen sind:

- günstiger Einkauf
- gemeinsame Werbung
- Beratung, Verkäuferschulung
- Finanzierungshilfen
- Handelsmarken
- zentrales Rechnungswesen
- Unterstützung bei der Ladengestaltung
- Dekorationshilfen

Einkaufsvereinigungen finden sich heute in Deutschland in fast allen Branchen und in unterschiedlichen Formen. Im Zentralverband gewerblicher Verbundgruppen sind nahezu 400 verschiedene Gruppierungen erfasst (www.zgv-online.de), die einen Jahresumsatz von über 70 Mrd. € erzielen.

Einkaufsgenossenschaften und Einkaufsverbände

Einkaufsgenossenschaften und Einkaufsverbände sind Zusammenschlüsse von rechtlich selbstständigen Einzelhändlern zum gemeinsamen Wareneinkauf und weiteren Maßnahmen zur Verbesserung ihrer wirtschaftlichen Leistungsfähigkeit.

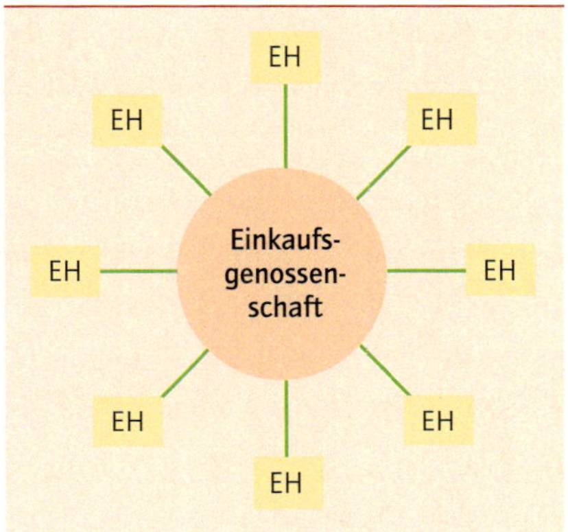

Die **Einkaufsgenossenschaft** ist die älteste Art der überbetrieblichen Zusammenarbeit von Einzelhändlern. So wurde z. B. EDEKA bereits 1907 als genossenschaftliche Vereinigung gegründet, 1927 folgte dann die Gründung von REWE. Einkaufsgenossenschaften haben als Ziel nicht die Erzielung von Gewinn, sondern vorrangig die Aufgabe, die Leistungskraft der Mitgliedsbetriebe zu stärken. Erzielte Gewinne werden an die Genossen rückvergütet (Bonus).

Einkaufsverbände verfolgen ähnliche Ziele wie die Einkaufsgenossenschaften, geben sich dafür aber eine andere Rechtsform. Sie sind als Aktiengesellschaft, GmbH oder Kommanditgesellschaft anzutreffen. Die Einzelhändler sind hier nicht Genossen, sondern Teilhaber des Unternehmens. Gewinne werden wieder investiert oder an die Gesellschafter ausgeschüttet.

Beispiele für Genossenschaften und Verbände: EDEKA, REWE, Interfoto, Vedes, Schuhpartner.

Freiwillige Ketten

Freiwillige Ketten sind Zusammenschlüsse von rechtlich und wirtschaftlich selbstständigen Groß- und Einzelhändlern auf vertraglicher Basis.

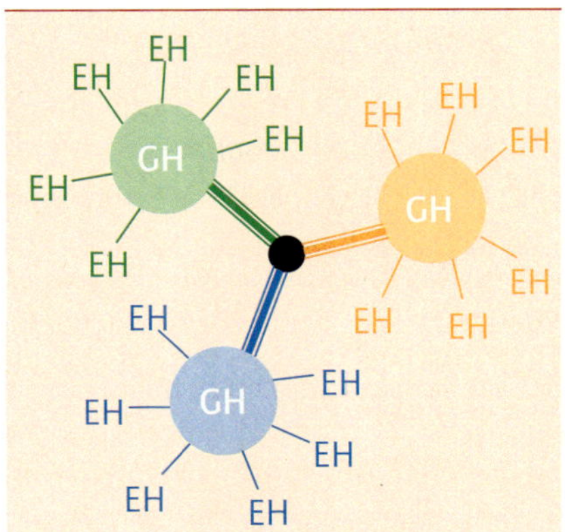

Freiwillige Kette

Während Genossenschaften und Einkaufsverbände Zusammenschlüsse von Einzelhändlern sind, geht die Idee der freiwilligen Ketten vom Großhandel aus, der seinen Vertragspartnern ähnliche Leistungen bietet wie die Genossenschaften. Die erste freiwillige Kette wurde 1932 in Holland unter der Bezeichnung SPAR gegründet. Die Kettengroßhändler sind ihrerseits in einer gemeinsamen Zentrale zusammengeschlossen.

Beispiele für freiwillige Ketten: SPAR, Intersport, Musterring, Kaufgut.

2.2.3 Franchising

Unter Franchising versteht man die langfristige vertragliche Zusammenarbeit zwischen einem Franchisegeber und rechtlich selbstständigen Franchisenehmern (Einzelhändler, Baumärkte, Gastronomie). Dem Franchisenehmer wird gegen die Zahlung von Franchisegebühren ermöglicht, die Leistungen des Franchisegebers in Anspruch zu nehmen.

Der Schwerpunkt der Franchiseleistungen liegt im einheitlichen Auftritt der angeschlossenen Geschäfte: Die einzelnen Partner sollen sich sowohl in der Ladengestaltung als auch im Warenangebot nur wenig voneinander unterscheiden. Oft sind sie nach außen nicht als selbstständige Unternehmen zu erkennen. Als Musterbeispiele sind hier OBI, WMF oder Salamander anzuführen, die nach außen oft wie Filialbetriebe wirken, tatsächlich aber selbstständige Unternehmen sind. Der Franchisegeber verlangt in der Regel neben einer Eintrittsgebühr jährlich anfallende Lizenzgebühren.

Beispiele für Franchiseunternehmen: McDonald's oder BurgerKing, OBI Heimwerkermarkt, PC-Spezialist, Ihr Platz, Apollo Optik, Tchibo.

2.2.4 Einkauf beim Hersteller

Für die Warenhersteller wird der direkte Vertrieb ihrer Waren an den Einzelhandel immer bedeutsamer. Während dies in einer Reihe von Branchen schon lange üblich ist (z. B. Möbel, Glas und Porzellan), werden andere Bereiche immer stärker für das Direktmarketing der Industrie erschlossen (Textilien, Sport u. a.).

Von den Leistungen der Hersteller profitiert der Einzelhandel dabei direkt durch eine schnelle Belieferung und eine weit gestreute Herstellerwerbung und indirekt durch die Lieferung von Werbe- und Präsentationsmaterial.

Neben dem direkten Kontakt durch eigene Marketingeinreichungen benutzt die Industrie ein Reihe von Veranstaltungen, um den Kontakt zum Facheinzelhandel zu ermöglichen:

Messen sind zeitlich begrenzte Veranstaltungen, die in erster Linie für Fachbesucher geöffnet sind. Dort stellt die Industrie ihre Produkte den Fachhändlern vor und versucht Kaufanbahnungen durch besondere Messerabatte zu unterstützen. Fachmessen wenden sich in aller Regel an Fachleute aus einem oder wenigen Fachbereichen, so wendet sich z. B. die photokina an alle, die mit Fotografieren und Video zu tun haben. Einen Überblick über die Vielzahl von Fachmessen und Messeorten finden Sie im Internet unter www.auma.de. Oft wird an den letzten Tagen auch den Endverbrauchern ermöglicht, die Messe zu besuchen.

Ausstellungen wenden sich im Gegensatz zu Messen an die Allgemeinheit. Während Messen meistens internationale Fachausstellungen sind, sind Ausstellungen regionale Ereignisse mit einem Mix aus vielen Warenbereichen. Sie sind deshalb gegen Eintrittsgebühren für jedermann zugänglich.

Präsentationen und **Musterungen** wenden sich wiederum ausschließlich an Facheinzelhändler in einem regional begrenzten Bereich. Ein Hersteller lädt hierzu seine Kunden ein, um ihnen sein Warenangebot und vor allem die Neuheiten anzubieten.

2.2.5 Einkaufskonditionen

Es genügt nicht, die geeignete Bezugsquelle ausfindig gemacht zu haben, es ist jetzt das Geschick des Einkäufers gefordert, möglichst günstige Einkaufskonditionen zu erzielen. Unter Konditionen versteht man die Bedingungen, die man für das eigene Unternehmen bei den Verhandlungen über einen Wareneinkauf erreichen kann. Hierzu zählen:

- günstige Listenpreise des Herstellers ausfindig machen
- Preisnachlässe aushandeln
- ein möglichst langes Zahlungsziel erreichen
- die Transportkosten möglichst auf den Lieferer abwälzen
- Werbematerial des Herstellers erhalten
- Sonderaktionen des Lieferers ausnutzen
- weitgehende Garantieleistungen erhalten

2.3 Organisation der Warenbeschaffung (Logistik)

6

Der Begriff „Logistik" stammt aus dem militärischen Sprachgebrauch. Man versteht darunter den lückenlosen Transport von der Beschaffungsquelle zum Regal des Einzelhändlers.

Dabei sind die Beschaffungswege auch davon abhängig, bei wem die Ware gekauft wurde. Der Warentransport ist komplizierter, wenn die Ware von einem Hersteller in China stammt, als wenn sie z. B. von einem Großhändler in der näheren Umgebung bezogen wird.

Besonders bedeutsam ist die Logistik geworden, seit man durch den Einsatz von Warenwirtschaftssystemen schnelle Entscheidungen treffen kann und durch den elektronischen Datenaustausch mit den Lieferern den Warenfluss beschleunigen und dadurch die Lagerbestände reduzieren kann.

Bei der schnellen Warenbeschaffung bestehen beträchtliche Einsparungsmöglichkeiten, da dadurch weniger Waren auf Lager genommen werden müssen. Durch den Wegfall aufwändiger Warenlagerung werden Raum- und Personalkosten gespart sowie Überbestände und Ladenhüter weitgehend vermieden. Die Kapitalbindung durch hohe Lagerbestände ist dadurch ebenfalls geringer.

Eine besondere Form der Logistik ist die **Just-in-time-Belieferung,** das heißt, die Ware soll genau zum richtigen Zeitpunkt geliefert werden, nämlich dann, wenn sie im Verkaufslager nachgefüllt werden muss. Dies ist vor allem dann erforderlich, wenn als einzige Lagerfläche der Verkaufsraum zur Verfügung steht. Möglich wird dies durch häufige Anlieferungen relativ kleiner Mengen

- aus einem Zentrallager bei Filialunternehmen oder Warenhäusern,
- von Großhändlern bei Handelsketten,
- durch die Einkaufsgenossenschaft.

3 Kaufvertrag mit dem Lieferer

3.1 Kaufanbahnung (Anfrage)

Die Anfrage des Einzelhändlers bei einem Lieferer dient ausschließlich seiner Information und ist deshalb **grundsätzlich unverbindlich.** Der anfragende Kaufmann kann also jederzeit eine Anfrage an mehrere Lieferer senden, um vergleichbare Angebote zu erhalten.

Die Anfrage ist an keine bestimmte Form gebunden und kann brieflich, telefonisch, per Telefax, E-Mail oder auch durch eine SMS erfolgen.

Die Anfrage dient der Anbahnung von Geschäftsbeziehungen.

allgemeine Anfrage
- allgemeine Informationen über Preise und Liefermöglichkeiten
- Anforderung von Preislisten, Katalogen oder Prospekten
- „Bitte übersenden Sie mir Ihren Warenkatalog über ...“
  „Ich möchte eine neue Abteilung für ... eröffnen und bitte deshalb um Übersendung ...“

bestimmte Anfrage
- spezielle Informationen über Preise und Liefermöglichkeiten
- Anfordern eines Angebotes über einen bestimmten Artikel
- „Im Auftrag eines Kunden suche ich folgenden Artikel ...“
  „Bitte übersenden Sie mir ein Angebot über die Ware XXL.“

Die Anfrage ist grundsätzlich unverbindlich!

3.2 Angebot des Lieferers

Das Angebot ist die Willenserklärung eines Anbietenden, unter bestimmten Bedingungen dem Empfänger eine Ware zu liefern oder eine Dienstleistung zu übernehmen. Das Angebot muss immer an eine bestimmte Person gerichtet sein. Es ist an keine bestimmte Form gebunden, aus Gründen der Rechtssicherheit wird man aber darauf achten, dass ein Angebot schriftlich abgegeben wird. Ein mündlich (telefonisch) abgegebenes Angebot wird man in der Regel schriftlich bestätigen.

Im Gegensatz zum Angebot stellt das **Anpreisen** von Waren oder die **Präsentation** von Waren im Schaufenster **kein Angebot** dar, weil es sich nicht an eine bestimmte Person, sondern an die Allgemeinheit richtet.

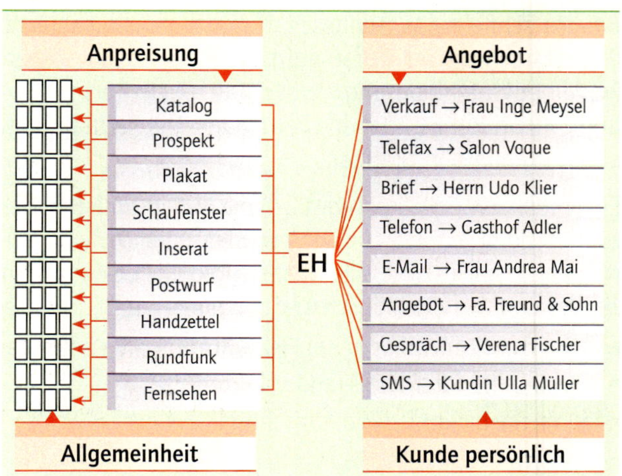

3.2.1 Verbindlichkeit des Angebotes

Ein Angebot ist verbindlich, wenn aus seinem Inhalt nichts anderes hervorgeht. Dies bedeutet, dass durch die rechtzeitige Annahme eines verbindlichen Angebotes ein Vertrag zustande kommt.

Durch den Angebotstext können Angebote in der Verbindlichkeit teilweise oder ganz eingeschränkt werden. Ein Angebot kann also, entsprechend dem Angebotstext,

- **verbindlich** für seinen gesamten Inhalt abgegeben werden,
- in bestimmten Teilen **eingeschränkt verbindlich** sein (teilweise unverbindlich),
- inhaltlich völlig **unverbindlich** („freibleibend") bleiben.

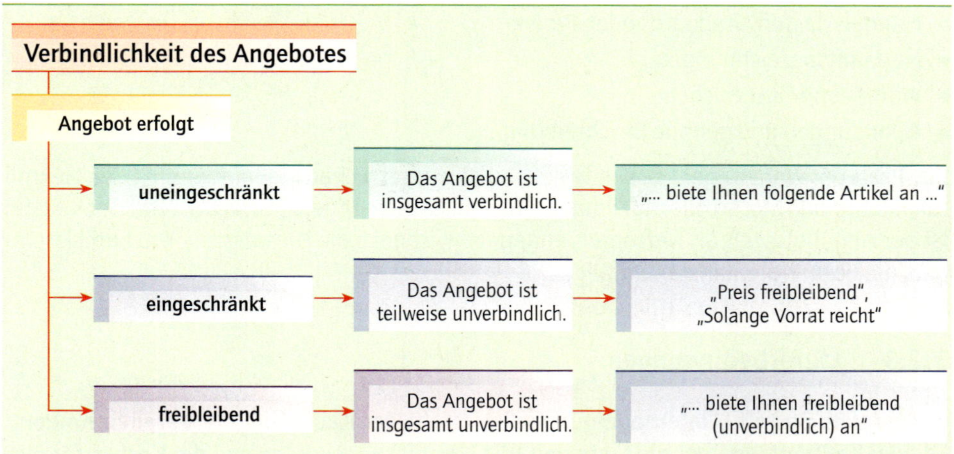

Gültigkeitsdauer des Angebotes

Ein Angebot ist nicht unbegrenzt gültig, sondern durch gesetzliche Vorschriften auf die folgenden Fristen festgelegt:

- Ein **mündlich abgegebenes Angebot muss sofort angenommen** werden. Dies gilt auch für ein Angebot, das telefonisch eingeholt wird.
- Ein **schriftlich** abgegebenes Angebot muss auf dem **gleich schnellen Weg** angenommen werden, das bedeutet, dass für einen Brief drei bis fünf Tage ausreichen müssen, um ein derartiges Angebot zu beantworten. Andere schriftliche Angebote wie Telefax oder E-Mail sind einen Tag verbindlich.
- Ein **verspätet** angenommenes Angebot gibt dem Anbietenden die Möglichkeit, die Lieferung der angebotenen Ware abzulehnen, er kann es aber auch als Grundlage für einen Kaufvertrag verwenden, falls seine Liefermöglichkeit noch gegeben ist.

Widerruf des Angebotes

Der Anbieter kann sein Angebot widerrufen, wenn der Widerruf vor oder spätestens gleichzeitig mit dem Angebot beim Kunden eintrifft. Trifft dieser dagegen später ein, kommt der Vertrag zustande, da das Angebot eine empfangsbedürftige Willenserklärung ist.

3.2.2 Inhalt des Angebotes

Vom Inhalt des Angebotes erwartet der Einzelhändler Angaben über Art, Beschaffenheit und Güte sowie den Preis der angebotenen Ware.

Die **Art** der Ware wird durch die handelsübliche Bezeichnung oder die genaue Beschreibung möglichst unzweideutig festgelegt, eventuell auch durch Artikelnummern, Katalognummern oder Bestellnummern.

Die **Beschaffenheit** der Ware kann festgestellt werden durch

- Muster oder Proben,
- Handelsklassen, Standards oder Typen,
- Herkunftsbezeichnungen,
- Waren- und Gütezeichen,
- Abbildungen und genaue Beschreibungen.

Der **Preis** der Ware bezieht sich entweder auf die gesetzlichen Maßeinheiten (Liter, Hektoliter, Kilogramm, Meter) oder auf handelsübliche Warenmengen (Stück, Dutzend, Sack, Kiste). Ist der Angebotspreis als Nettopreis angegeben, ist noch die Umsatzsteuer zu berücksichtigen, die beim Wareneinkauf anfällt.

3.2.3 Lieferbedingungen

Unter dem Begriff „Lieferbedingungen" versteht der Kaufmann die Vereinbarungen, die im Kaufvertrag über die Lieferzeit, die Verpackungskosten und die Kosten für die Beförderung der Ware getroffen werden müssen.

Lieferzeit

Wenn über den Zeitpunkt der Lieferung nichts vereinbart wird, kann der Lieferer sofort liefern, der Käufer kann seinerseits die sofortige Lieferung verlangen.

Der Zeitpunkt der Lieferung kann folgendermaßen vereinbart werden:

- Wenn die Ware nicht zu einem bestimmten Termin benötigt wird, kann nur ein ungefährer Zeitrahmen angegeben werden, z. B. „Lieferung innerhalb 4 Wochen", „Anfang Mai", „auf Abruf". Häufig werden als Liefertermine die Kalenderwochen festgelegt, z. B. „23. Kalenderwoche" oder „KW 22".
- Wird die Ware zu einem Zeitpunkt sicher benötigt, gibt man das Lieferdatum genau an, z. B. „Lieferung am 1. September". Fügt man einer derartigen Vereinbarung den Zusatz „fix" oder „fest" an, erhält man einen Fixkauf (siehe auch Kap. 3.5).

Kosten der Versandverpackung

Werden in einem Kaufvertrag Vereinbarungen über die Verpackungskosten getroffen, so ist damit die Transportverpackung gemeint.

Die Kosten der Warenverpackung gehen immer zulasten des Käufers, wenn im Kaufvertrag nichts anderes vereinbart wurde **(= gesetzliche Regelung).**

In Kaufverträgen sind folgende Vereinbarungen über die Verpackungskosten zu finden:

- **Preis netto einschließlich Verpackung:** Der Käufer bezahlt lediglich den Preis für die Ware, die Kosten der Versandverpackung übernimmt der Verkäufer (= **günstigste Regelung** für den Einzelhändler).
- **Preis netto ausschließlich Verpackung:** Der Käufer zahlt den Preis für die Ware und hat zusätzlich die Kosten der Versandverpackung zu übernehmen **(= gesetzliche Regelung).**
- **Preis brutto einschließlich Verpackung:** Hierbei wird der Preis vom Gesamtgewicht einschließlich Verpackung (Rohgewicht) berechnet, d. h., die Verpackung wird wie Ware berechnet **(= brutto für netto).**
- **Preis brutto ausschließlich Verpackung:** Der Käufer hat neben dem Warenwert noch die normale Warenverpackung zu bezahlen und zusätzlich eine Bezahlung für spezielle Transportverpackungen (z. B. Paletten) zu übernehmen. Der Preis für diese Spezialverpackung wird vom Lieferer nach Rückgabe wieder gutgeschrieben.

6

Beförderungskosten

Ist im Kaufvertrag über die Kosten für die Beförderung der Ware vom Lieferer zum Geschäft des Einzelhändlers nichts vereinbart, sind diese vom Käufer der Ware zu übernehmen, denn „Warenschulden sind Holschulden!".

Ein Großteil der vom Einzelhandel bezogenen Waren werden heute durch Lastwagen transportiert. Derartige Transporte erfolgen entweder in Fahrzeugen des Verkäufers (Herstellers, Großhändlers) oder durch Speditionen. Bei kleineren Paketsendungen kommen noch die Dienste von Paketdiensten und der Post hinzu. Grundsätzlich gilt hier, dass der Käufer den Transport der Ware zu bezahlen hat, außer er hat beim Vertragsabschluss bessere Bedingungen erreicht. So kann er die gesamte Kostenübernahme durch den Verkäufer oder eine Teilung der Versandkosten (Versandanteil) aushandeln.

Auch beim Versand per Bahn gilt die gesetzliche Regelung. Durch die Tatsache, dass die Waren aber mehrfach umgeladen werden müssen (Verkäufer – Bahnhof – Bahnhof – Geschäft), gibt es hier auch mehr Möglichkeiten, die Beförderungskosten zu teilen. Diese Teilung der Beförderungskosten wird durch so genannte Handelsklauseln festgelegt: „ab Werk", „unfrei", „frachtfrei", „frei Haus".

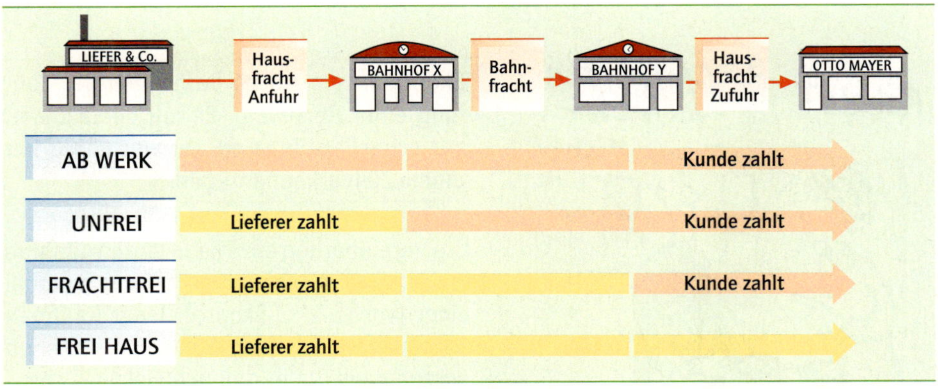

Beförderungskosten

3.2.4 Zahlungsbedingungen

Wurde im Kaufvertrag nichts oder nichts anderes vereinbart, muss der Käufer sofort nach der Übergabe (Lieferung) der Ware den Kaufpreis bezahlen („Zahlung Zug um Zug"). Meist werden jedoch zwischen Käufer und Verkäufer besondere Zahlungsbedingungen vereinbart.

- **Vorauszahlung** (Vorkasse) bei Sonderbestellungen, Sonderanfertigungen oder zeitlich versetzter Lieferung: Im Einzelhandel kommen Vorauszahlungen häufig als Anzahlungen für zurückgelegte Waren oder bei zur Ansicht gegebenen Artikeln vor.
- **Barkauf** (Zahlung Zug um Zug, gesetzliche Regelung): Der Barkauf ist die im Verkauf vorherrschende Art der Zahlung, bei der Ware gegen Geld (Kreditkarte) „getauscht" wird. Im Wareneinkauf ist diese Art der Zahlungsvereinbarung ebenfalls vorherrschend, die Vereinbarung im Kaufvertrag heißt dann z. B. „Zahlung netto Kasse", „gegen Nachnahme" oder „sofortige Zahlung ohne Abzug". Diese Vereinbarung wird vom Lieferer auf der Rechnung erneut angegeben, um den Kunden an die umgehende Zahlung des Kaufpreises zu erinnern.
- **Zielkauf** (Kreditkauf): Im Wareneinkauf hat es sich eingebürgert, dass der Lieferer seinem Kunden Zeit für den Verkauf der Ware einräumt, um erst dann die Zahlung zu fordern. Er setzt dem Kunden ein Ziel für die Kaufpreiszahlung. Die Vereinbarung im Kaufvertrag lautet dann „zwei Monate Ziel" oder „zahlbar innerhalb vier Wochen". Um seinem Kunden einen Anreiz für vorzeitige Zahlung zu geben, räumt der Verkäufer meistens das Recht auf Skontoabzug ein („Zahlung innerhalb vier Wochen, bei Zahlung innerhalb zehn Tagen 2 % Skonto").
- **Ratenzahlung** (Abzahlungskauf; siehe auch LF 3): Der Kaufpreis für eine Ware, deren Kauf die momentanen finanziellen Möglichkeiten eines Kunden übersteigt (Möbel, Auto, Stereoanlage), kann durch Vereinbarung von Ratenzahlung auf mehrere Teilbeträge aufgeteilt werden, die in regelmäßigen Abständen zu zahlen sind. Man verlangt dabei vom Kunden gewöhnlich eine größere Anzahlung. Der Rest der Zahlung muss in mindestens zwei Raten erfolgen. Bei Ratenzahlung behält sich der Verkäufer meistens das Eigentumsrecht an der Ware bis zur vollständigen Bezahlung zurück (Eigentumsvorbehalt). Beim Kauf von Waren des Einzelhändlers bei einem Lieferer spielt diese Zahlungsart keine Rolle.

Preisnachlässe

Besondere Aufmerksamkeit bei den Vereinbarungen über Zahlungsbedingungen sollte den **Preisnachlässen** gelten. Zu unterscheiden sind hier Skonto, Rabatt und Bonus.

Skonto ist ein Abzug bei vorzeitiger Zahlung einer Rechnung. Er soll den Kunden zur schnellen Zahlung der Rechnung bei einem Zielverkauf anregen.

Die Vereinbarung dazu kann lauten: „Zahlung innerhalb 4 Wochen, bei Zahlung innerhalb einer Woche 3 % Skonto". Jeder Kaufmann bemüht sich, den Skonto bei einer Rechnung auszunutzen, da er dadurch viel Geld sparen kann.

Rabatt ist ein vereinbarter Preisnachlass als Abzug vom Listenpreis einer Ware.

Er wird meistens aus einem bestimmten Grund gewährt als

- Mengenrabatt bei Abnahme größerer Warenmengen,
- Treuerabatt für Stammkunden, die über lange Zeit Firmentreue bewiesen haben,
- Wiederverkäuferrabatt als Nachlass für Händler bei Festpreisangeboten,
- Personalrabatt beim Verkauf an Mitarbeiter,
- Messerabatt beim Kauf am Messestand eines Anbieters.

Der Bonus ist ein Preisnachlass, der im Gegensatz zum Rabatt nicht beim Kauf der Ware gewährt wird, sondern erst im Nachhinein.

Meistens erfolgt dies in Form einer Umsatzrückvergütung, wenn eine vereinbarte Umsatzhöhe überschritten wird. Der Bonus erfolgt in Form einer Gutschrift des Lieferers.

Die **Kosten der Zahlung** (Überweisungskosten) hat grundsätzlich der Käufer zu tragen, denn „Geldschulden sind Bringschulden".

3.3 Auswahl des günstigsten Angebotes

Liegen für eine Ware mehrere Angebote vor, gilt es, das günstigste davon sorgfältig auszusuchen, denn nicht immer ist das Angebot am besten, das im ersten Moment so erscheint.

3.3.1 Bezugskalkulation

Um mehrere Angebote vergleichbar zu machen, ist es notwendig, einen **Vergleichspreis** zu berechnen. Voraussetzung ist natürlich, dass die angebotenen Waren auch nach Art und Beschaffenheit vergleichbar sind. Für den Kaufmann ist nicht der Listenpreis maßgeblich, sondern der Preis für die Ware beim Eingang in sein Geschäft, zu dem er die Ware bezieht. Deshalb bezeichnet man diesen Preis als den **Bezugspreis** der Ware oder als ihren **Einstandspreis.** Dieser ergibt sich, wenn man vom Listenpreis des Verkäufers zunächst den vereinbarten Rabatt und anschließend den vom Lieferer eingeräumten Skonto abzieht. Werden danach noch die Verpackungs- und Beförderungskosten hinzugerechnet, ergibt sich der Bezugspreis.

Listenpreis		240,00 €	← Angebotspreis des Verkäufers
– Rabatt 5 %	12,00 €		← z. B. Mengenrabatt, Treuerabatt
= Zieleinkaufspreis		228,00 €	← Preis bei Ausnutzung des Zahlungszieles
– Skonto 2,5 %	5,70 €		← Nachlass für vorzeitige Zahlung
= Bareinkaufspreis		222,30 €	← Preis nach Skontoabzug
+ Bezugskosten	25,00 €		← Verpackungs- und Beförderungskosten
= Bezugspreis		**247,30 €**	← **Einstandspreis/Vergleichspreis**

Bezugskalkulation

Vergleicht der Einzelhändler seine Bezugskalkulation mit der späteren Rechnung des Lieferers, wird er zwei Abweichungen feststellen:

1. Der Händler hat ihm noch **Umsatzsteuer** berechnet, die er nicht in seine Berechnung einbezogen hat, da er in seine Kalkulation des Verkaufspreises ja den Listenpreis des Lieferers einsetzt und bis zum Verkaufspreis neu kalkuliert. Die vom Lieferer berechnete Umsatzsteuer geht als Vorsteuer in die Buchführung ein.
2. Der Lieferant hat in seiner Rechnung den vereinbarten **Skonto** nicht berücksichtigt. Dies durfte er auch nicht, denn der Einzelhändler kann ja erst nach Erhalt der Rechnung entscheiden, ob er Skonto abziehen will oder das Zahlungsziel ausnutzen möchte. Eine Differenz beim Skontoabzug zwischen der Skontoermittlung in der Bezugskalkulation und dem tatsächlichen Skontoabzug ergibt sich, da der tatsächlich abziehbare Skontobetrag nicht vom Zieleinkaufspreis (ohne Umsatzsteuer), sondern vom Rechnungspreis (inkl. Umsatzsteuer) erfolgt. Bei der Bezugskalkulation kann diese Differenz vernachlässigt werden, da es nicht um den tatsächlich anfallenden Skontoabzug geht, sondern um den Vergleich von Angeboten auf dem gleichen Rechenweg.

3.3.2 Angebotsvergleich

Beim Angebotsvergleich geht es zunächst nur darum, das rechnerisch günstigste Angebot zu ermitteln. Vergleichsbasis ist immer der **Bezugspreis** der Ware, d. h. der Preis, zu dem die Ware in das Geschäft kommt (Einstandspreis).

Angebot 1	Angebot 2
Ihre Anfrage Vielen Dank für Ihr Interesse an unserem Produkt. Wir können Ihnen heute anbieten: Ware XY Listenpreis/St. 4,90 € Hierauf räumen wir Ihnen gerne einen Neukundenrabatt von 5 % ein. Ziel 30 Tage, innerhalb 1 Woche 1,5 % Skonto. Für Fracht und Verpackung müssen wir 1,90 € pro Stück berechnen. Ihrem Auftrag sehen wir gerne entgegen und sichern Ihnen eine umgehende sorgfältige Ausführung zu.	Sehr geehrter Herr Müller, vielen Dank für Ihre E-Mail vom .... Der Preis unserer Ware XY hat sich gegenüber Ihrer letzten Bestellung nur leicht verändert. Sie kostet jetzt pro Stück 5,80 €. Zahlungsziel 4 Wochen, bei Zahlung innerhalb 10 Tagen gewähren wir Ihnen wie immer 3 % Skonto. Die Lieferung erfolgt frei Haus, einschließlich Verpackung. Mit kollegialen Grüßen

Der Einzelhändler kalkuliert mit dem Bezug von 10 Stück der angebotenen Ware.

LISTENPREIS	49,00 €	58,00 €	LISTENPREIS
– Rabatt 5 %	– 2,45 €	0,00 €	– Rabatt 0 %
ZIELEINKAUFSPREIS	46,55 €	58,00 €	ZIELEINKAUFSPREIS
– Skonto 1,5 %	– 0,70 €	– 1,74 €	– Skonto 3 %
BAREINKAUFSPREIS	45,85 €	56,26 €	BAREINKAUFSPREIS
+ Bezugskosten	+ 14,00 €	0,00 €	+ Bezugskosten
BEZUGSPREIS	**59,85 €**	**56,26 €**	BEZUGSPREIS

Angebotsdifferenz insgesamt 3,59 €
Angebotsdifferenz je Stück 0,359 €

Angebotsvergleich

Nicht immer wird sich der Einzelhändler für das so ermittelte günstigste Angebot entscheiden können. Es spielt auch der mögliche Lieferzeitpunkt eine Rolle, wenn die Ware im Geschäft dringend benötigt wird und einer der Anbieter sofort liefern kann, auch wenn sein Angebot nicht das günstigste war. Für die Kaufentscheidung könnte auch die Markentreue der Kundschaft eine Rolle spielen.

3.4 Bestellung des Einzelhändlers

Hat sich ein Einzelhändler für eine Ware entschieden, übermittelt er dem Lieferer seine Bestellung. In der Praxis spricht man auch von einem Auftrag oder von einer Order.

Form

Die Bestellung ist an keine bestimmte Form gebunden, sie kann mündlich, telefonisch, per E-Mail, Telefax oder über das Internetportal (Intranetportal) des Verkäufers erfolgen.

Inhalt

Eine Bestellung **muss enthalten:** Menge, Art und Preis der Ware. Darüber hinaus sollten alle wichtigen Bestandteile des Angebotes wiederholt werden (Lieferzeitpunkt, Lieferungs- und Zahlungsbedingungen).

3.4.1 Verbindlichkeit der Bestellung

- Eine Bestellung ist **grundsätzlich verbindlich,** es sei denn, sie ist durch den Anbietenden rechtzeitig widerrufen worden.
- Rechtzeitig widerrufen wurde eine Bestellung, wenn sie **vor** oder spätestens **gleichzeitig** mit der Bestellung beim Lieferer eintrifft.
- Liegt der Bestellung kein oder ein unverbindliches Angebot zugrunde, kann der Lieferer die Annahme der Bestellung verweigern. Dies gilt auch, wenn die Angebotsbedingungen abgeändert wurden.

3.4.2 Bestellungsannahme (Auftragsbestätigung)

Bei Bestellungen, in denen das Angebot als verbindliche Willenserklärung ausfällt, kommt ein Kaufvertrag erst zustande, wenn der Lieferer ausdrücklich seinen Willen erklärt, die erhaltene Bestellung anzunehmen. Dies geschieht durch die Bestellungsannahme. Normalerweise erfolgt diese durch das Zusenden einer Auftragsbestätigung. Aber auch durch eine tatsächliche Lieferung der bestellten Waren wird der Auftrag rechtsgültig angenommen (konkludente Handlung). Daneben gibt es einige Situationen, in denen es die kaufmännische Vernunft empfiehlt, dem Bestellenden ebenfalls eine Auftragsbestätigung zu senden.

Eine Bestellungsannahme **muss** erfolgen, wenn

- der Bestellung **kein Angebot** vorausging,
- das Angebot **freibleibend** (unverbindlich) abgegeben worden war,
- der Besteller das Angebot **abgeändert** hat.

Eine Bestellungsannahme **kann** erfolgen, wenn

- ein neuer Kunde bestellt hat,
- eine außergewöhnlich große Menge bestellt wird,
- die Lieferung erst später erfolgen soll.

Eine Bestellungsannahme ist

entbehrlich,
- wenn der Lieferer die Bestellung auf sein Angebot unverändert und fristgerecht annimmt.

üblich
- bei neuen Kunden.
- bei großen Bestellungen.
- bei telefonischer Bestellung.
- bei späterer Lieferung.

Kaufvertrag durch Angebot und Bestellung

notwendig,
- wenn kein Angebot vorlag.
- bei unverbindlichen Angeboten.
- bei verspäteter Bestellung.
- bei abgeändertem Angebot.

Kaufvertrag durch Bestellung und Bestellungsannahme

3.4.3 Zweiseitiger Handelskauf (Abschluss und Erfüllung des Kaufvertrages mit dem Lieferer)

Ein Handelskauf liegt immer dann vor, wenn ein im Handelsregister eingetragener Kaufmann an einem Handelsgeschäft beteiligt ist. Voraussetzung ist dabei, dass das Geschäft im Rahmen seiner Geschäftstätigkeit erfolgt. Je nachdem, ob der andere Vertragspartner ein Privatmann ist oder ebenfalls ein Kaufmann, unterteilt man den Handelskauf in zwei Arten.

- **Einseitiger Handelskauf: Verkäufer ist Kaufmann, Käufer ist Privatmann. Hierbei handelt es sich um das typische Einzelhandelsgeschäft, den Verkauf von Waren.**
- **Zweiseitiger Handelskauf: Käufer und Verkäufer sind Kaufleute. Diese Art von Verträgen gilt für den Wareneinkauf des Einzelhändlers bei seinen Lieferern.**

Kauft hingegen ein Kaufmann Möbel für seine Wohnung, so ist dies für ihn kein Handelskauf, sondern eine private Erwerbung (bürgerlicher Kauf). Rechtlich gesehen besteht der Kaufvertrag aus zwei voneinander unabhängigen Rechtsgeschäften, dem eigentlichen Kaufabschluss **(Verpflichtungsgeschäft)** und der tatsächlichen Ausführung der eingegangenen Vereinbarungen **(Erfüllungsgeschäft).** Beim zweiseitigen Handelskauf gilt für beide Vertragspartner das HGB, für den Privatmann gilt hingegen ausschließlich das BGB.

Abschluss

Wie jeder Vertrag kommt auch der zweiseitige Handelskauf durch zwei übereinstimmende Willenserklärungen zustande, durch Antrag und Annahme. Je nach Situation kann dabei der Antrag sowohl vom Käufer (hier: Einzelhändler) als auch vom Verkäufer (hier: Lieferer) ausgehen. Der Vertrag entsteht im Normalfall durch Angebot und Bestellung, im Ausnahmefall durch Bestellung und Auftragsbestätigung.

Erfüllung

Das Erfüllungsgeschäft betrifft die tatsächliche Ausführung der im Vertrag versprochenen Leistungen (Ware, Geld). Bei dem Verkauf von Ware im Ladengeschäft des Einzelhändlers fallen diese beiden Rechtsgeschäfte zusammen. Der Kunde äußert seinen Kaufwunsch, wird vom Verkäufer beraten und stimmt dem Geschäft zu (Verpflichtungsgeschäft), danach geht er zur Kasse, bezahlt und erhält die Ware sofort ausgehändigt (Erfüllungsgeschäft). Bei einem zweiseitigen Handelskauf fallen dagegen beide Vertragsteile deutlich auseinander: Der Lieferer unterbreitet ein Angebot, woraufhin der Einzelhändler Waren bestellt (Verpflichtungsgeschäft), erst später erfolgt die Lieferung der Ware und wiederum später dann die Zahlung des Kaufpreises (Erfüllungsgeschäft).

Pflichten

Im Kaufvertrag verpflichten sich die beiden Vertragspartner zu bestimmten Leistungen. Diese bezeichnet man auch als Kaufvertragspflichten.

- Pflichten des Lieferers: 1. die Ware ordnungsgemäß (mangelfrei) zu liefern
  2. das Eigentum an der Ware auf den Käufer zu übertragen
- Pflichten des Einzelhändlers: 1. die gelieferte Ware anzunehmen
  2. den Kaufpreis rechtzeitig zu bezahlen

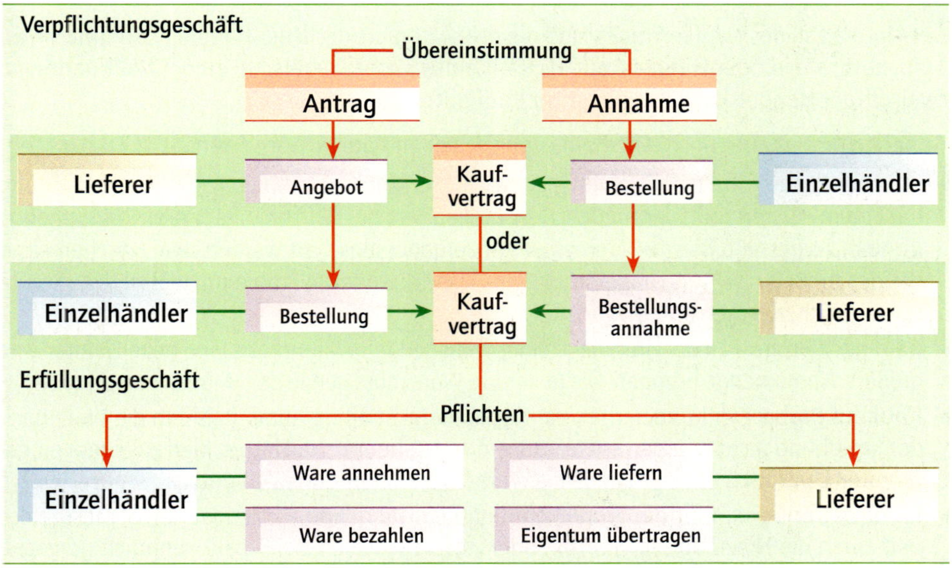

Abschluss und Erfüllung des Kaufvertrages

Erfüllungsort und Gerichtsstand

Aus den Kaufvertragspflichten ergeben sich auch die Festlegungen von Erfüllungsort und Gerichtsstand. Der Erfüllungsort ist der Ort, an dem die Leistungen erbracht werden müssen. Bei einem einfachen Handelskauf gibt es somit zwei Erfüllungsorte. Für die Ware ist dies der Wohnort/Geschäftssitz des Verkäufers, für die Geldschuld ist es der Wohnort des Käufers **(gesetzlicher Erfüllungsort).**

Diese Regelung gilt auch für den zweiseitigen Handelskauf, wenn im Vertrag nichts anderes bestimmt wurde. Häufig legt der Lieferer den Erfüllungsort in seinen Allgemeinen Geschäftsbedingungen oder im Angebot fest, indem er schreibt: „Erfüllungsort und Gerichtsstand für beide Teile ist X-Stadt" **(vertraglicher Erfüllungsort).** Eine von der gesetzlichen Regelung abweichende Vereinbarung ist nur im zweiseitigen Handelskauf unter Kaufleuten zulässig.

Der gesetzliche oder vertragliche Erfüllungsort legt zugleich den Ort fest, an dem eine nicht erbrachte Leistung eingeklagt werden kann **(Gerichtsstand).** Der Gerichtsstand für den Verbraucher ist grundsätzlich das für seinen Wohnort zuständige Gericht.

Gefahrenübergang

Am Erfüllungsort geht die Gefahr für die Ware (Untergang, Verschlechterung) vom Verkäufer auf den Käufer über. Die Art des zugrunde liegenden Geschäftes entscheidet dabei über den Ort, an dem die Verantwortung für die Ware auf den Käufer übergeht:

- bei einem Ladenverkauf mit der Übergabe der Ware an den Kunden (Geschäft)
- bei der Warenzustellung mit einem firmeneigenen Fahrzeug mit der Übergabe (Wohnort)
- bei einer Versendung mit Post, Bahn, Spedition oder Paketdienst mit der Übergabe an das Beförderungsunternehmen (das dann bis zum Kunden für die Ware haftet)

3.5 Besondere Kaufvertragsarten

Der Normalfall des Kaufvertrages sind die drei Arten bürgerlicher Kauf als Kauf unter Verbrauchern, einseitiger Handelskauf als Kauf eines Verbrauchers bei einem Kaufmann und zweiseitiger Handelskauf als Kauf unter Kaufleuten.

Daneben gibt es aber noch eine Reihe von speziellen Kaufvertragsarten.

- **Kauf zur Probe:** Kauf einer kleinen Menge (Muster) zum Ausprobieren (zur Ansicht). Häufig mit einem Musterrabatt verbunden. Bei Gefallen wird der Kauf einer größeren Warenmenge in Aussicht gestellt. Beispiel: Von einer Winzergenossenschaft werden zwei Flaschen eines Weines zur Begutachtung angefordert. Eine Flasche wird zum Probieren geöffnet, die zweite zu Vergleichszwecken aufbewahrt.
- **Kauf nach Probe:** Auf der Grundlage einer vorliegenden Warenprobe wird beim Lieferer eine größere Warenmenge bezogen. Die gelieferte Ware muss genau dem Muster entsprechen.
- **Kauf auf Probe:** Der Kunde erhält ein Rückgaberecht eingeräumt, falls ihm die Ware nach der Erprobung nicht zusagen sollte, z. B. ein Fernsehgerät. Im Unterschied zu einem eingeräumten Umtausch darf der Kunde die Ware für die vereinbarte Zeit nutzen.
- **Fixkauf:** Der Termin für die Warenlieferung wird taggenau („kalendermäßig") festgelegt und durch die Hinzufügung von „fix" oder „fest" zusätzlich als Fixkauf kenntlich gemacht, z. B. „Lieferung am 15. Mai fix".
- **Spezifikationskauf:** Es wird eine Gesamtmenge einer Ware gekauft, ohne zunächst die Ware genau festzulegen. Die Bestimmung der Zusammenstellung nach Art, Form und Größe erfolgt erst später.
- **Kauf auf Abruf:** Kauf einer Gesamtmenge, die auf Anforderung des Kunden in Teilmengen geliefert wird. Durch eine solche Vereinbarung kann der Einzelhändler auf der einen Seite sein Lager entlasten, auf der anderen Seite auch günstigere Einkaufskonditionen aushandeln.
- **Kommissionsgeschäft:** Der Lieferer gibt Waren bei einem Einzelhändler „in Kommission", d. h., er stellt ihm die Ware zum Verkauf zur Verfügung, ohne dass der Einzelhändler die Ware kaufen muss, sie bleibt aber weiterhin Eigentum des Lieferers. Verkauft der Einzelhändler die Ware, darf er einen Anteil am Warenwert (Provision) behalten, kann er die Ware nicht verkaufen, hat er das Recht, sie an den Lieferer zurückzugeben.

4 Schriftverkehr im Einzelhandel

Aufgaben des Schriftverkehrs

Die Verwendung von Vordrucken und die Vorzüge persönlicher Verständigung über das Telefon haben den Umfang des kaufmännischen Schriftverkehrs wesentlich vermindert. Dennoch müssen noch zahlreiche Geschäftsbriefe geschrieben werden, z. B. Mitteilungen an Kunden, Mahnungen, Bestellungen und Reklamationen, oder es müssen mündliche Vereinbarungen schriftlich bestätigt werden. Auch im Verkehr mit Behörden, Banken und Versicherungen kann auf das geschriebene Wort mit seiner Klarheit und Beweiskraft nicht verzichtet werden.

Behandlung der ein- oder ausgehenden Schriftstücke

Die eingehende Post kommt als E-Mail aus dem Computer, aus dem Faxgerät oder wird vom Briefträger gebracht oder durch Boten vom Postamt aus dem Postschließfach abgeholt. Alle eingehende Post wird sofort mit einem **Eingangsstempel** versehen. Der Eingangsstempel kann als wichtiges Beweismittel dienen (z. B. bei Verzug, Kündigung).

6

Schriftgutablage (Registratur)

Die Schriftgutablage ist das Gedächtnis des Betriebes. Oft muss man beim Bearbeiten von Geschäftsvorfällen auf den früheren Schriftwechsel mit den Geschäftsfreunden zurückgreifen.

- In Prozessen können die Geschäftspapiere wichtige **Beweismittel** werden.
- Für die Buchhaltung sind sie **Belege** (Rechnungen, Quittungen, Gutschriftsanzeigen, Bankauszüge usw.).
- Für die Besteuerung des Betriebes sind sie wichtige **Unterlagen**, die bei Betriebsprüfungen der Finanzämter vorgelegt werden müssen.

§ 257 HGB; § 147 AO Aufbewahrungspflicht:

6 Jahre müssen alle empfangenen Handelsbriefe und die Durchschläge oder Kopien der abgesandten Briefe aufbewahrt werden. Die Originale können auch durch Mikrofilme oder andere Datenträger ersetzt werden.

10 Jahre müssen Handelsbücher, Inventare, Bilanzen und Buchungsbelege aufbewahrt werden.

Form und Inhalt des Geschäftsbriefes

Die äußere Form ist mitentscheidend für den Erfolg eines Briefes. Im kaufmännischen Schriftverkehr wird daher ein sog. **Einheitsbrief** verwendet (Normblatt DIN 5008). Auch die Größe der Briefbogen ist festgelegt. Folgende Formate sind üblich:

- A4 210 x 297 mm = Ganzbrief
- A5 148 x 210 mm = Halbbriefblatt
- A6 105 x 148 mm = Postkarte

Diese Formate entstehen aus dem Ausgangsformat A0 durch wiederholtes Halbieren.
A0 = 841 x 1 189 mm = 1 m^2.

Die Briefumschläge sind in der Reihe DIN C genormt. Die übliche Normalgröße trägt die Bezeichnung C6 (passend zu A6). Die Längshüllen (110 x 220 mm) mit und ohne Fenster tragen die Bezeichnung DL = Deutscher Langbrief.

DIN heißt: Deutsches Institut für Normung.

Zu Beginn des Briefes schreiben Sie ein Stichwort als Inhaltsangabe. Dahinter steht kein Satzzeichen (so genannte Betreffzeile).

Der Inhalt muss in Satzbau, Rechtschreibung und Zeichensetzung fehlerlos sein. Schreiben Sie klar, deutlich, kurz und lebendig.

Gliedern Sie den Inhalt durch Einfügen von Leerzeilen in einzelne Abschnitte.

Heben Sie Wichtiges hervor, möglichst durch Einrücken.

Als Anrede schreiben Sie: „Sehr geehrter Herr X"/„Sehr geehrte Frau Y". Ist der Empfänger nicht namentlich bekannt, schreiben Sie: „Sehr geehrte Damen und Herren".

Am Briefende schreiben Sie als Grußformel: „Mit freundlichem Gruß" oder „Mit freundlichen Grüßen" oder förmlicher „Hochachtungsvoll".

Das Datum kann im Brief in zwei unterschiedlichen Schreibweisen angegeben werden:

- in der **numerischen Schreibweise** (z. B. in der Bezugszeichenzeile) in der Form Jahr-Monat-Tag, z. B. 2007-02-25 oder 07-02-25 für den 25. Februar 2007. Diese Regelung gilt europaweit. Tag und Monat werden dabei immer zweistellig geschrieben; die Unterteilung erfolgt durch Trennstriche.
- in der **alphanumerischen Schreibweise,** wie bisher, Tag/Monat/Jahr, z. B. 3. Dezember 2007 oder 3. Dez. 2007.

Briefanschrift

Für die Anschrift stehen 9 Zeilen zur Verfügung. Sie besteht aus folgenden Teilen:

- posttechnische Angaben (drei Zeilen)
- Empfängerbezeichnung (zwei Zeilen)
- Postfach- oder Wohnungsangabe (Straße und Hausnummer)
- Postleitzahl, Bestimmungsort
- Bestimmungsland bei Schreiben an Empfänger im Ausland

Beispiele für Briefanschriften:

•	•	Mit Luftpost
•	•	•
•	•	•
Firma	Fremdenverkehrsverein	Dr. Karl Grossmann
Gebr. Schreiber	Wiesenstraße 75	C/O John T. Harris
Postfach 1 31	A-5700 ZELL AM SEE	498 Second Avenue
01069 Dresden	ÖSTERREICH	WAYNESBURG, PA
•	•	USA
•	•	•

Briefkopf

Hausrat-Winkler · München

Fachgeschäft für Glas, Porzellan, Eisenwaren und Haushaltsartikel

Heftrand

Absender

Hausrat-Winkler · Isarstraße 24 · 81924 München

Isarstraße 24
81924 München

Anschriftfeld

Herrn
Bernhard Riedel
Feichthofstraße 21
81247 München

Bezugszeichen mit Datum

Ihr Zeichen, Ihre Nachricht vom	Unser Zeichen, unsere Nachricht vom	Telefon, Name 089 24391-	Datum
	w-a	237 Herr Schneider	20..-09-30

Betreffzeile

Reparatur

Anrede

Sehr geehrter Herr Riedel,

Lochmarke

Brieftext

Ihr Rasensprenger Modell „Gartenfreund", den Sie mir vor 14 Tagen zur Reparatur brachten, ist heute eingetroffen. Er liegt zur Abholung bereit. Das Lieferwerk ist uns entgegengekommen und hat die beschädigte Spritzdüse kostenlos erneuert. Das Gerät arbeitet nun wieder einwandfrei.

Ich freue mich, dass ich Ihnen so schnell behilflich sein konnte.

Grußformel

Mit freundlichen Grüßen

Firma und Unterschrift

HAUSRAT-WINKLER

i. A. Schneider

Faltmarke

Warnzeichen

Geschäftsangaben

Telefon
089 24391-0

Telefax
089 2439123

E-Mail:
info@winkler-wvd.de
Internet:
www.winkler-wvd.de

Girokonto:
Stadt- und Kreissparkasse München
Konto-Nr. 7788
BLZ 701 500 00

Postbank München
Konto-Nr. 693 27-808
BLZ 700 100 80

Einteilung des Briefblatts A4 (verkleinert)

6

Die früher übliche oberhalb der Anschrift des Empfängers gesetzte besondere Versendungsform ist nicht mehr erforderlich, sie wird durch ein am Postschalter erhältliches Barcode-Label ersetzt, das auf den Briefumschlag geklebt wird. Darauf wird die gewünschte Versendungsform angekreuzt.

Einschreiben Einwurf: Der Brief wird in den Briefkasten des Empfängers geworfen, der Postbote dokumentiert die Zustellung auf einem Formular, das ggf. als Beweismittel dient (zusätzliches Entgelt).[1]

Einschreiben: Der eingeschriebene Brief (zusätzliches Einschreibeentgelt) wird nur gegen Quittung ausgehändigt, bei Abwesenheit des Empfängers auch an erwachsene Angehörige. Die Post behält die Quittung als Beleg.

In Verbindung mit Einschreiben

Eigenhändig: Der Vermerk „Eigenhändig" bürgt dafür, dass der Brief nur dem Empfänger oder einer Person, die vom Empfänger besonders bevollmächtigt wurde, ausgehändigt wird (zusätzliches Entgelt).[1]

Rückschein: Durch das Verlangen „Mit Rückschein" wird dem Absender die Quittung des Empfängers auf dem Rückschein zugestellt (zusätzliches Entgelt).[1]

Nachnahme: siehe LF 3, Kap. 4.2.3 und LF 5, Kap. 5.2.

Außerdem muss bei diesen Angaben ein **Einlieferungsbeleg** ausgefüllt werden, auf dem dieselben Versendungsformen angekreuzt werden müssen.

Acht Regeln für den handschriftlichen Brief:

1. **Teilen Sie Ihr Blatt entsprechend dem Musterbrief auf der folgenden Seite ein.**
2. **Lassen Sie links 2–3 cm Rand frei und schreiben Sie auch rechts nicht bis knapp an die Papierkante.**
3. **Die Zeilenanfänge müssen senkrecht genau untereinander stehen.**
4. **Überlegen Sie, bevor Sie anfangen zu schreiben, den Aufbau des Schreibens.**
5. **Beginnen Sie bei einem neuen Gedanken mit einer neuen Zeile.**
6. **Verwenden Sie nur die Grußformeln: „Mit freundlichen Grüßen", „Mit freundlichem Gruß".**
7. **Füllt der Brief gerade eine Seite aus, so dürfen Grußformel und Unterschrift nicht an den unteren Rand gedrückt, aber auch nicht allein auf die nächste Seite geschrieben werden.**
8. **Streichungen und sichtbare Verbesserungen sind in einem Brief undenkbar.**

1 Besorgen Sie sich beim nächsten Postamt das Heft „Leistungen und Preise" oder fragen Sie bei einem alternativen Dienstleister und stellen Sie die dort üblichen Entgelte fest.

Textilhaus
Schuhmann & Schneider

Karlplatz 2
40213 Düsseldorf

Schuhmann & Schneider · Postfach 7 76 · 40213 Düsseldorf

Frau
Hannelore Reißner
Hermannsstraße 46

40233 Düsseldorf

Ihr Zeichen, Ihre Nachricht vom	Unser Zeichen, unsere Nachricht vom	Telefon, Name	Datum
	b		20..-10-02

Ihre Handschuhe

Sehr geehrte Frau Reißner,

am Packtisch wurden gestern in unserem Hause ein Paar wertvolle weiße Lederhandschuhe gefunden. Unsere Verkäuferin, Frau Hofbauer, vermutet, dass Sie diese nach Ihrem gestrigen Besuch in unserem Geschäft vergessen haben.

Wir bitten Sie daher, die Handschuhe bei Gelegenheit an der Kasse abzuholen. Sollten sie nicht Ihnen gehören, so wären wir für eine entsprechende Mitteilung sehr dankbar.

Mit freundlichen Grüßen

Textilhaus Schuhmann & Schneider

i. V. F. Berthaus

Geschäftszeit:	Telefon	E-Mail:	Deutsche Bank AG Düsseldorf	Postbank Köln
08:30–18:30	0211 71625	info@schuhmann-wvd.de	Konto-Nr. 821 965	Konto-Nr. 692 15-504
(samstags	Telefax	Internet:	BLZ 300 700 10	BLZ 370 100 50
08:00–13:00)	0211 71657	www.schuhmann&Schneider-wvd.de		

Musterbrief Mitteilung an Kunden A4 (verkleinert)

6

Gebräuchliche Abkürzungen: z. B., usw., d. J., d. M., m. E., u. E., u. U., u. a. m., d. h., dgl., bzw., evtl., ca., ggf., dto., m. a. W., u. A. w. g.

Moderne Kommunikation (E-Mail): Ein erheblicher Teil des betrieblichen Schriftverkehrs erfolgt heute auf elektronischem Wege per **E-Mail**, d. h. durch Übertragung der Mitteilung von Computer zu Computer über das Internet. Diese Art der Kommunikation ist außerordentlich schnell und nahezu kostenfrei. Hinzu kommt, dass ein einmal geschriebener Text an beliebig viele Empfänger geschickt werden kann. Auch die Übertragung von Bildern oder Sprachmitteilungen ist dabei kein Problem. Aber **nicht gestattet** ist die Übermittlung von **Kündigungen, Aufhebungsverträgen** oder **Arbeitszeugnissen** per E-Mail.

Neben dem heute im Geschäftsleben allgemein üblichen E-Mail-Versand hat sich eine weitere moderne und außerordentlich schelle Möglichkeit, Nachrichten zu versenden, herausgebildet, der Versand von **SMS-Nachrichten** (Short Message Service). Im Gegensatz zum Versenden einer E-Mail-Nachricht benötigt man hier keinen Computer, sondern lediglich ein Mobiltelefon. Es ist also z. B. für einen Einkäufer auf der Messe sehr einfach, seinen Mitarbeiter zu bitten, ihm eine dringend benötigte Information zukommen zu lassen.

Lernfeld 7

Waren annehmen, lagern und pflegen

1 Warenannahme

Das Einzelhandelsunternehmen erhält die beim Lieferer bestellte Ware durch Speditionsunternehmen, Post, Paketdienste oder per Eisenbahn. Es ist aus rechtlichen Gründen notwendig, die eingetroffene Ware **unverzüglich zu prüfen**[1]. Kaufleute haben die Pflicht, die bei der Prüfung der Ware eventuell festgestellten Mängel **unverzüglich beim Lieferer zu reklamieren** (siehe Kap. 2.2 Schlechtleistung). Der Wareneingang ist im Tätigkeitsfeld des **Lagers** (siehe Kap. 3 Lagerhaltung) anzusiedeln und findet in der Warenannahme des Einzelhandelsunternehmens statt. Einer Warenlieferung liegt stets eine Bestellung als Abschluss des Warenbeschaffungsvorgangs zugrunde (siehe LF 6). Die gelieferte Ware wird anhand der **Warenbegleitpapiere** zunächst einer **äußeren Prüfung** unterzogen, dann einer **inhaltlichen Prüfung.**

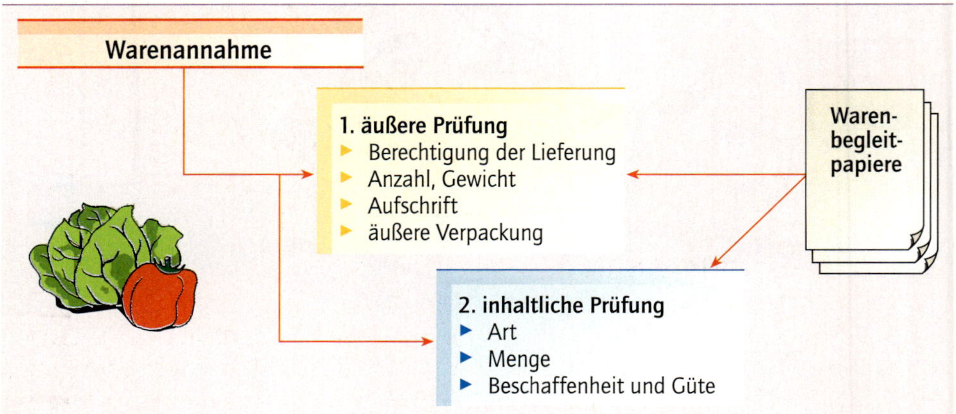

1.1 Äußere Prüfung

Noch während der Überbringer der Sendung (Spediteur, Postbote, Fahrer) **anwesend** ist, wird diese **sofort** einer Prüfung unterzogen. Geprüft wird, ob

- die **Lieferung berechtigt ist:** Mithilfe der Warenbegleitpapiere (siehe Kap. 1.3 Warenbegleitpapiere) wird ausgeschlossen, dass die Ware irrtümlich an uns gesendet wurde oder dass es sich um eine **unverlangte Warensendung** handelt. Dazu wird geprüft, ob die Anschrift des Absenders und des Empfängers auf dem Lieferschein zutreffend sind und ob bei uns eine Bestellung für die Warensendung vorliegt.
- die **Anzahl** und das **Gewicht** der Versandstücke mit den Angaben in den Begleitpapieren übereinstimmen.
- die **Aufschrift, Zeichen und Nummern** der Versandstücke mit den Warenbegleitpapieren übereinstimmen.
- die **äußere Verpackung bzw. die Ware selbst Beschädigungen aufweist,** wenn sie unverpackt ist.

Ergeben sich dabei Mängel bezüglich der Stückzahl, des Gewichts, der Aufschrift oder auch Beschädigungen der Verpackung, so lassen wir uns diese **durch den Überbringer** der Warensendung **schriftlich bescheinigen**. Wird die Ware trotz der Mängel angenommen, so erklärt der Käufer, dass er sich „alle Rechte vorbehält" bzw. die Ware nur „unter Vorbehalt" annimmt.

1 unverzüglich = Prüfung hat nach ordungsmäßigem Geschäftsgang so schnell wie möglich zu erfolgen, also ohne schuldhafte Verzögerung.

Damit behält sich der Käufer weitere rechtliche Schritte gegen den Lieferer vor (siehe Kapitel 2.2 Schlechtleistung). Dem Einkauf ist eine Meldung über Abweichungen zu machen.

1.2 Inhaltliche Prüfung

Der **Inhalt** der Sendung muss nun ebenfalls **unverzüglich** geprüft werden. Dabei ergeben sich folgende Arbeitsgänge:

- **Die Verpackung wird sorgfältig geöffnet,** damit die Ware nicht beschädigt wird. Wegen einer besseren Beweisbarkeit ist es ratsam, dass das Öffnen der Versandstücke und das Auspacken von zwei Beschäftigten vorgenommen wird (Vier-Augen-Prinzip).
- **Die Art, Menge, Beschaffenheit und Güte** der Ware wird genau geprüft und mit den Unterlagen verglichen (Packzettel, Versandanzeige, Rechnung, Durchschlag der Bestellung, Proben, Muster). Bei größeren Warensendungen kann eine Prüfung auch stichprobenartig erfolgen.
- **Festgestellte Mängel** und Abweichungen werden in der Regel schriftlich beanstandet. Die Mängel müssen **genau beschrieben** werden; allgemeine Angaben genügen nicht (siehe Kap. 2.2 Schlechtleistung). Die Mängel und Abweichungen werden auf dem Lieferschein notiert und dem Einkauf gemeldet, sodass dieser seiner Rügepflicht nachkommen kann.
- **Die Packmittel** werden sorgfältig weggeräumt und der Entsorgung zugeführt (siehe Entsorgung der Verpackung).

1.3 Warenbegleitpapiere

Wichtigstes Hilfsmittel bei der Prüfung der gelieferten Ware sind die **Warenbegleitpapiere**. Sie umfassen mindestens den **Lieferschein,** unter Umständen den **Frachtbrief**, Zollpapiere, Packschein, Unfallmerkblätter oder eine **Rechnung.** Die Warenbegleitpapiere sind der Sendung beigefügt bzw. werden vom Überbringer übergeben.

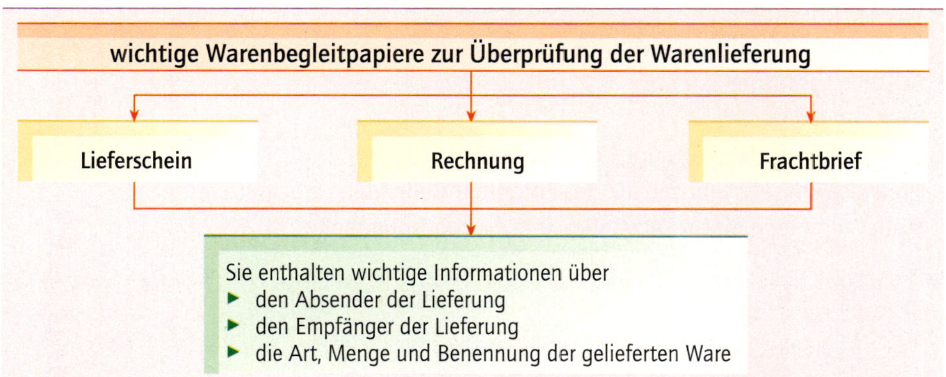

Lieferschein

Der Lieferschein (siehe Seite 5) ist das wichtigste Papier und enthält mindestens die folgenden Angaben:

- Absender der Warenlieferung
- Empfängeradresse
- Datum der Ausstellung
- Lieferscheinnummer
- Art, Menge und Benennung der Ware

Weitere Angaben (AGB, Zahlungsbedingungen, Gerichtsstand usw.) müssen nicht angegeben werden, weil einem Lieferschein meist ein Kaufvertrag zugrunde liegt. Auf dem Lieferschein bestätigt der Empfänger einer Warensendung schriftlich den **mangelfreien Empfang der Ware.**

Frachtbrief

Der Frachtbrief (siehe Seite 6) ist das Warenbegleitpapier im **Güterverkehr.** Der Frachtbrief enthält:

- Adressen des Absenders und Empfängers
- Adresse des Transporteurs oder der Spedition
- Belade- und Abladestelle
- Datum, Art der Ware, Menge der Versandstücke und ihre Form
- Bezifferung oder Kennzeichnung der Packstücke
- Einzel- und Gesamtgewicht der Sendung
- Angaben zur Verpackung und Transportschäden

Der Frachtbrief wird in vierfacher Ausfertigung erstellt. Das Original begleitet die Ware bis zum Versandort. Dieses Original dient dem Transporteur als Abrechnungsgrundlage mit dem Auftraggeber und verbleibt bei ihm. Eine Ausfertigung erhält der Empfänger für seine Unterlagen. Auf dem Frachtbrief **bescheinigt der Empfänger** einer Warensendung, dass die **Sendung vollzählig und äußerlich einwandfrei** entgegengenommen wurde.

Rechnung

Anhand einer **Rechnung** (siehe Seite 7) als Warenbegleitpapier kann ebenfalls die Überprüfung der Warensendung (Absender, Menge und Art der Ware) erfolgen. Damit eine Rechnung als solche anerkannt wird, muss sie folgende Bestandteile enthalten:

- Name und Anschrift des leistenden und des empfangenden Unternehmers
- Austellungsdatum
- Rechnungsnummer
- Menge, Art und Bezeichnung der gelieferten Ware
- Höhe des Entgelts und den auf das Entgelt entfallenden Umsatzsteuerbetrag
- Steuernummer oder Umsatzsteueridentifikationsnummer

SB Großhandelszentrale • Koblenz

Rheinallee 15
56075 Koblenz

Tel.: 0261 31547-0
Fax: 0261 31547-12

SB Großhandelszentrale • Rheinallee 15 • 56075 Koblenz

Elektrohandel
Georg Neumann
Kölner Straße 11
53111 Bonn

Kunden-Nr.: 1 487
Auftrags-Nr.: 478
Datum: ..-07-05

Lieferschein-Nr. 705-15

Pos.	Menge	Artikelbezeichnung
1	4	Videobeamer
2	12	DVD-Player, Surrey

Ware in einwandfreiem Zustand erhalten

Bonn,	9. Juli 20..	Georg Neumann
Ort	**Datum**	**Unterschrift**

E-Mail: info@sb-grosshandel-wvd.de
Internet: www.sb-grosshandel-wvd.de
USt-IdNr.: DE 384 256 123
St.-Nr. 142/3427/3561

Sparkasse Koblenz
Konto-Nr. 100 257 876
BLZ 750 130 40

Deutsche Bank, Koblenz
Konto-Nr. 247 158 765
BLZ 750 100 60

7

Ⓐ Absender – Name und Postanschrift
SB Großhandelszentrale Koblenz
Rheinallee 15
56075 Koblenz

Ⓑ Versandort *56075 Koblenz*
Beladestelle *Rheinallee 15*

Ⓝ Frachtbrief
für den gewerblichen Güterverkehr national
LKW Nr.

Ⓒ Empfänger – Name und Postanschrift
Elektrohandel
Georg Neumann
Kölner Straße 11
53111 Bonn

Ⓓ Bestimmungsort *5311 Bonn*
Entladestelle *Kölner Str. 11*

Ⓞ Entfernung km

Lieferschein-Nr. *705 - 15*

Amtliches Kennzeichen
LKW:
Anh.:

Nutzlast in t
LKW: Anh.:

Fahrzeug-führer

Begleiter

Ⓔ Grenzübergang:

Ⓕ Weitere Beladestellen im Versandort

Ⓖ Erklärungen, Vereinbarungen
(ggf. Hinweise auf Spezialfahrzeuge):

Ⓗ Weitere Entladestellen im Bestimmungsort

Ⓘ Bezeichnung der Sendung

Anzahl, Art Verpackung	Zeichen, Nr.	Inhalt (tarifgemäße Bezeichnung)	Güterart-Nr.	Bruttogewicht kg
4		*Video Beamer*		*20*
12		*DVD-Player, Surrey*		*60*
Gefahrgut ADR 2003	Benennung		Nr. Gefahrgutzettel	Verpackungsgruppe (VG)
UN				

BELADUNG
Fahrzeug bereitgestellt
Tag Stunde
Beladung beendet
Tag Stunde

ENTLADUNG
Fahrzeug bereitgestellt
Tag Stunde
Entladung beendet
Tag Stunde

Ⓚ Freivermerk

Ⓛ Nachnahme EURO

Ⓜ Ort und Tag der Ausstellung
________________, den ________
Unterschrift des Absenders

Ⓢ Empfang der Sendung bescheinigt
Bonn, den *9. Juli 20..*
Neumann
Unterschrift des Empfängers

Ⓟ Gut und Frachtbrief übernommen
Tag: Stunde:
Anschrift und Unterschrift des Unternehmers

Vorbehalte bei Übernahme:
(kurze Begründung)
Ort Datum Unterschrift

Frachtberechnung

Gewicht kg	errechnete Fracht/netto EURO	vereinbarte Fracht/netto EURO	Summe/netto EURO

Absender	Anzahl	Empfänger	Anzahl
Euro-Paletten		Euro-Paletten	
Gitterbox-Paletten		Gitterbox-Paletten	
Einfach-Paletten		Einfach-Paletten	
getauscht		getauscht	
nicht getauscht		nicht getauscht	
Unterschrift ▸		Unterschrift ▸	
Datum		Datum	

Nebenleistungen	
Zwischensumme	
minus Provision	
= Nettoentgelt	
+ Umsatzsteuer	
Beförderungsentgelt	

SVG

Für den Absender: weiß · Für den Empfänger: rot · Für den Unternehmer: gelb

Frachtbrief

SB Großhandelszentrale • Koblenz

Rheinallee 15
56075 Koblenz

Tel.: 0261 31547-0
Fax: 0261 31547-12

SB Großhandelszentrale • Rheinallee 15 • 56075 Koblenz

Elektrohandel
Georg Neumann
Kölner Straße 11
53111 Bonn

Kunden-Nr.: 1 487
Auftrags-Nr.: 478
Datum: ..-07-05

Rechnung-Nr. 705

Pos.	Menge	Artikelbezeichnung	Einzelpreis	Gesamtpreis
1	4	Videobeamer	275,00 €	1.100,00 €
2	12	DVD-Player, Surrey	105,00 €	1.260,00 €
				2.360,00 €
		+ 19 % Umsatzsteuer		448,40 €
				2.808,40 €

Zahlung fällig ..-07-26 rein netto
Bei Zahlung bis ..-07-12 gewähren wir 3 % Skonto.

E-Mail: info@sb-grosshandel-wvd.de
Internet: www.sb-grosshandel-wvd.de
USt-IdNr.: DE 384 256 123
St.-Nr. 142/3427/3561

Sparkasse Koblenz
Konto-Nr. 100 257 876
BLZ 750 130 40

Deutsche Bank, Koblenz
Konto-Nr. 247 158 765
BLZ 750 100 60

7

1.4 Entsorgung der Verpackung

Nach der **Verpackungsverordnung** (VerpackV von 1991) muss jeder, der verpackte Waren in Verkehr bringt, die **leeren Verpackungen zurücknehmen und verwerten bzw. entsorgen.** Die Verordnung gilt für alle in Verkehr gebrachten Verpackungen, unabhängig davon, wo sie anfallen und woraus sie bestehen. Ziel der Verordnung ist es, die negativen Auswirkungen der Verpackungsabfälle auf die Umwelt zu reduzieren. Diese Verordnung **betrifft Unternehmen auf allen Wirtschaftsstufen** (vom Produzenten bis hin zum Einzelhändler). Um die gesamte Entsorgung und stoffliche Wiederverwertung von Verpackungen aus Papier und Pappe zu garantieren, wurde 1991 RESY (Organisation für Wertstoffentsorgung GmbH) gegründet. Mit Aufbringen des RESY-Symbols werden die Vorgaben der Verpackungsverordnung erfüllt.

Die bei der Warenannahme anfallenden **Transportverpackungen** sind nach Gebrauch bzw. bei der nächsten Warenlieferung durch den **Lieferer zurückzunehmen.** Die Packmittel dürfen nicht selbst, wie z. B. über den Hausmüll, entsorgt werden vielmehr muss der Verpackungsabfall getrennt, eventuell zwischengelagert und über den Lieferer entsorgt werden. Ebenso ist eine Entsorgung der Transportverpackungen über das Duale System (DSD/„Grüner Punkt") verboten. Die Hersteller und Vertreiber von verpackter Ware können sich allerdings von diesen Pflichten freistellen lassen, wenn Sie einen **Dritten** (Entsorgungsfachbetrieb) mit der Rücknahme, Verwertung und Entsorgung beauftragen. Für Verkaufsverpackungen wurde aufgrund dieser Möglichkeit die DSD (Duales System Deutschland GmbH) gegründet. Für **Transportverpackungen** gibt es mehrere Systeme, wie Interseroh, VfW, GEBR und andere. Dadurch entsteht u. a. kein zusätzlicher Transportaufwand für den Transport der leeren Verpackungen zum Lieferer, sondern die Entsorgung kann ortsnah erfolgen.

Die **Kosten für die Rücknahme** und Entsorgung der Verpackungen muss der Lieferer der Ware übernehmen. Die Rücknahmekosten sind erheblichen Schwankungen unterworfen (grober Richtwert: Nonfood-Bereich ca. 0,1 % und Food-Bereich ca. 0,3 % des jeweiligen Warenwertes).

1.5 Erfassung des Wareneingangs

Entgegengenommene Ware muss bestandsmäßig erfasst werden, um stets einen Überblick über den aktuellen Warenbestand, eventuelle Rücksendungen oder Rückstände zu haben. Vor der Einlagerung der Ware muss daher zunächst die **Buchung der Bestandserhöhung erfolgen.** Diesen Vorgang bezeichnet man auch als „Ware vereinnahmen" oder „Lieferschein vereinnahmen". Gemeint ist die buchungstechnische Erfassung im Warenbuchungssystem (z. B. **Warenwirtschaftssystem,** siehe LF 11) des Einzelhandelsunternehmens. Als Beleg für diese Zubuchung dient der Lieferschein oder ein zusätzlich zu erstellender Wareneingangsschein (auf Grundlage der Bestellung und des Lieferscheins). Die richtige Verbuchung der Ware beim Wareneingang ist Grundvoraussetzung für eine **korrekte Bestandsführung.**

2 Störung des Kaufvertrages durch den Lieferer

Mit Abschluss des Kaufvertrages verpflichtet sich der Lieferer, seinem Kunden die Ware **mangelfrei** und **rechtzeitig** zu liefern. Kommt der Lieferer einer dieser Pflichten nicht oder nicht vollständig nach, dann liegt eine Störung des Kaufvertrages durch den Lieferer vor:

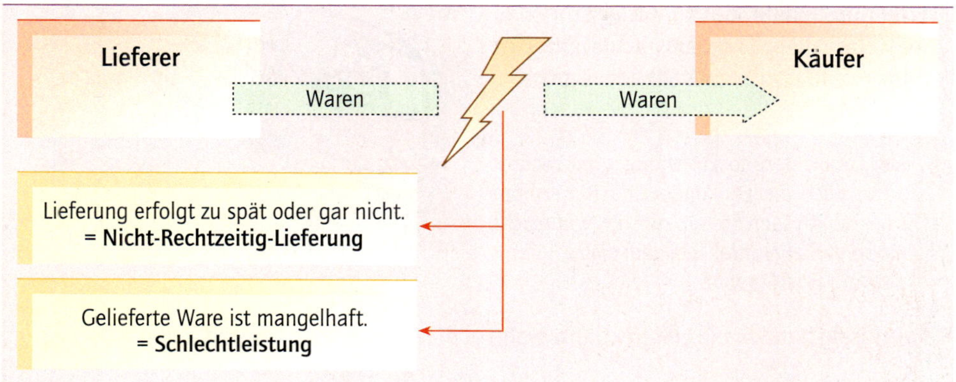

2.1 Nicht-Rechtzeitig-Lieferung (Lieferungsverzug)

Erhält der Einzelhändler die Lieferung nicht zum vereinbarten Lieferungstermin, sollte er beim Lieferer sofort das Ausbleiben der Sendung anmahnen. Zusätzliche Ansprüche – dazu gehört auch der Rücktritt vom Vertrag – können gegenüber dem Lieferer erst dann geltend gemacht werden, wenn sich dieser mit der Lieferung der Ware in **Verzug** befindet.

2.1.1 Voraussetzungen

Der Lieferer von Waren kommt unter folgenden Voraussetzungen in Verzug:

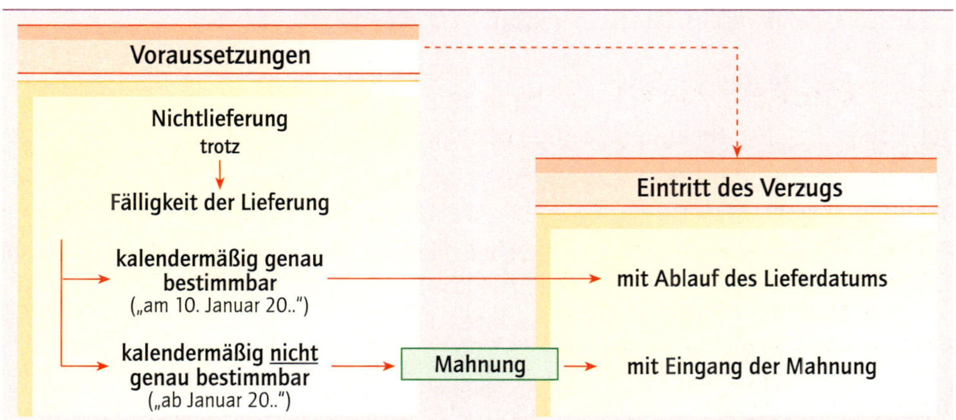

Nichtlieferung

Der Lieferer muss die **Verspätung** oder **Nichtlieferung** verantworten, wenn die Warenlieferung durch **fahrlässiges** oder **vorsätzliches** Verhalten des Verkäufers oder eines seiner Mitarbeiter (Erfüllungsgehilfe) unterbleibt.

- **Vorsätzlich** handelt ein Lieferer oder sein Erfüllungsgehilfe dann, wenn er genau weiß, dass sein Handeln rechtswidrig ist und er den Eintritt eines Schadens möchte.

Beispiel:

Der Auslieferungskraftfahrer missachtet wissentlich die Lenkungs- und Ruhezeiten und schläft am Steuer ein. Er verursacht einen Verkehrsunfall, bei dem die zu liefernde Ware zerstört wird.

- **Fahrlässig** handelt ein Lieferer dann, wenn er die erforderliche Sorgfalt außer Acht lässt.

Beispiel:

Ein Lieferer vergisst versehentlich die Lieferung.

- **Höhere Gewalt** (z. B. Streiks, Verkehrsstockungen, Naturkatastrophen) schließt demnach ein Verschulden aus. Der Lieferer kommt nicht in Verzug, solange die Lieferung wegen eines Umstandes unterbleibt, den er nicht zu vertreten hat.

Beispiel:

Ein Lieferer kann seiner Lieferverpflichtung nicht nachkommen, da sein Werk bestreikt wird.

Fälligkeit der Lieferung

Die Lieferung muss **fällig** sein, d. h. vom Käufer verlangt werden können:

- Ist die **Lieferzeit kalendermäßig genau bestimmt** („Lieferung bis spätestens 15. Juli" oder „fix am 15. Okt. 20..") und es wird nicht zum vereinbarten Liefertermin geliefert, dann kommt der Lieferer auch **ohne besondere Mahnung** des Käufers in Verzug (§ 284 Abs. 2 BGB).
- Ist die **Lieferzeit kalendermäßig nicht genau bestimmt** („Lieferung frühestens am 10. September 20.." oder „Lieferung erfolgt ab Januar 20.."), dann kommt der Lieferer erst durch die Mahnung des Käufers in Verzug.

2.1.2 Rechte des Käufers

Der Käufer hat bei **Nicht-Rechtzeitig-Lieferung** verschiedene Rechte, die wahlweise anwendbar sind:

Der Käufer kann

- **auf die (nachträgliche) Lieferung bestehen** und außerdem **Schadensersatz** wegen verspäteter Lieferung verlangen (§§ 280, 286 BGB) **oder**
- nach Ablauf einer **„angemessenen" Nachfrist** die **Lieferung ablehnen** und vom **Vertrag zurücktreten** (§ 326 BGB) **oder/und**
- nach Ablauf der Nachfrist die Lieferung ablehnen und **Schadensersatz statt Lieferung** (§ 281 BGB) **oder** den **Ersatz vergeblicher Aufwendungen** (§ 284 BGB) verlangen.

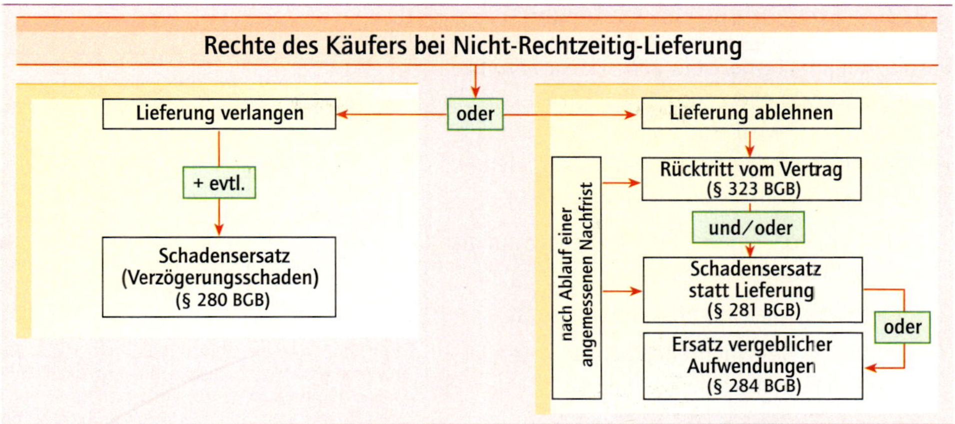

Eine **Nachfrist** ist dann angemessen, wenn der Lieferer die Möglichkeit hat, die Ware zu liefern, ohne diese erst zu beschaffen oder erst herstellen zu müssen. Eine **Nachfrist braucht nicht gesetzt** zu werden,

- wenn der Lieferer erklärt, dass er nicht leisten (liefern) will,
- wenn der Käufer kein Interesse mehr an der Lieferung hat (Zweckkauf), z. B. wenn die Zeit für den Absatz vorüber ist (Spielwaren für Weihnachten, Glückwunschkarten für Neujahr, Wintersportartikel).

Rücktritt vom Vertrag: Bei der Inanspruchnahme des Gestaltungsrechts „Rücktritt" kann der Kunde nach Ablauf der gesetzten Nachfrist auch dann vom Vertrag zurücktreten, wenn den Lieferer **kein Verschulden** an der verspäteten Lieferung (oder Nicht-Lieferung) trifft.

Von welchem Recht macht der Käufer in den einzelnen Fällen Gebrauch?

Der Käufer hat grundsätzlich die Wahlmöglichkeit, ob er weiterhin auf der Lieferung besteht oder ob er diese ablehnen möchte. Nachstehende Übersicht zeigt, unter welchen betriebswirtschaftlichen Gründen der Käufer von welchem Gestaltungsrecht Gebrauch machen sollte:

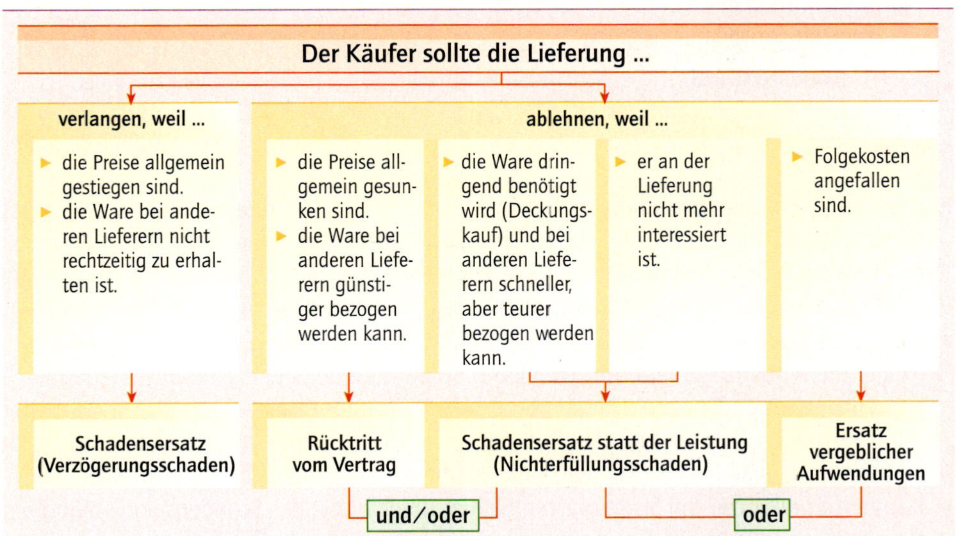

2.1.3 Anmahnung der Lieferung

Für die Anmahnung der Lieferung ist keine besondere Form vorgeschrieben. Zur besseren Beweisbarkeit ist Schriftform (E-Mail, Brief) allerdings zu empfehlen. In dem Schreiben zur Anmahnung der Lieferung sollen folgende Punkte berücksichtigt werden:

1. Hinweis auf die eigene Bestellung oder auf die Auftragsbestätigung des Lieferers,
2. Hinweis, dass die Lieferfrist verstrichen ist,
3. Aufzählung der Nachteile, die durch den Lieferungsverzug erwachsen sind,
4. Setzen einer **angemessenen Nachfrist**, da bestimmte Rechte des Käufers erst danach geltend gemacht werden können (siehe Rechte des Käufers); die Nachfrist entfällt beim Fixkauf oder wenn eine spätere Lieferung sinnlos ist,
5. Ankündigung des Anspruchs, der geltend gemacht werden soll.

Radiogeräte-Fabrik AG

Von: <RadiohausKuhl@wvd.de>
An: <Verkauf@Radiogeraetefabrik-wvd.de>
Gesendet: Montag, 18. Oktober 20 . . 11:21
Betreff: Nichtlieferung bestellter Radiogeräte

Sehr geehrte Damen und Herren,

nach Ihrem Angebot und Ihren Bedingungen hatten wir 25 verschiedene Empfangsgeräte bestellt. Sie hatten uns die Lieferung binnen vier Wochen zugesagt. Mittlerweile sind aber fast fünf Wochen verstrichen, ohne dass Sie uns den Grund für die Verzögerung mitgeteilt haben.

Wir benötigen die Geräte dringend für das Weihnachtsgeschäft und bitten Sie, uns die Sendung sofort zugehen zu lassen. Als letzte Frist setzen wir den 25. Oktober 20.. . Falls Sie diese Nachfrist überschreiten, werden wir Sie für alle uns entstandenen Schäden haftbar machen.

Mit freundlichen Grüßen

RADIOHAUS KUHL

R. KUHL

Telefon: 091 24685
Telefax: 091 24686
E-Mail: radiohaus.kuhl@wvd.de
Internet: www.radio-kuhl-wvd.de

2.1.4 Ermittlung des Schadensersatzes

Die Berechnung des Schadensersatzes bei der Nicht-Rechtzeitig-Lieferung kann folgendermaßen ermittelt werden:

Schadensersatz

konkrete Schadensberechnung	abstrakte Schadensberechnung
Preisunterschied	erzielbarer Verkaufspreis
+ Kosten	− Einkaufspreis
= Schadensersatzforderung	= entgangener Gewinn

- **Konkrete Schadensberechnung:** Benötigt der Käufer die Waren dringend und muss diese anderweitig zu einem höheren Preis beschaffen **(Deckungskauf)**, so verlangt er den Ersatz des Schadens, den er **genau** nachweisen kann. Die Schadensersatzforderung, ergibt sich demnach aus dem **Preisunterschied (Mehrpreis) zuzüglich der Kosten.**
- **Abstrakte Schadensberechnung:** Ist der Käufer an der Lieferung nicht mehr interessiert, weil er die Ware nicht mehr absetzen kann, so umfasst der zu ersetzende Schaden auch den **entgangenen Gewinn.** Hierzu berechnet der Käufer dem Lieferer den Gewinn, der unter normalen Umständen erzielt worden wäre (Differenz zwischen dem vertraglich festgelegten Einkaufspreis mit dem Lieferer und dem erzielbaren Verkaufspreis).
- **Konventionalstrafe:** Um Streitigkeiten bei der Berechnung des Schadens von vornherein zu vermeiden, wird häufig eine Konventionalstrafe (Vertragsstrafe) vertraglich vereinbart.

2.2 Schlechtleistung

Der Verkäufer einer Ware hat im Kaufvertrag die Verpflichtung übernommen, seinem Kunden **einwandfreie Ware** zu liefern. Die Ware muss vor allem frei von **Sach- und Rechtsmängeln** sein. Dies ist in der Praxis nicht immer der Fall, in vielen Fällen ist die gelieferte Ware mangelhaft.

2.2.1 Mängelarten

Die auftretenden Mängel können im Hinblick auf die **Sache** (Sachmangel), auf die **Rechte** (Rechtsmangel) und auf die **Erkennbarkeit** unterschieden werden:

Mängelarten im Hinblick auf ...

... die Sache (Sachmangel)	... die Rechte (Rechtsmangel)	... die Erkennbarkeit
▶ Fehlen vereinbarter Beschaffenheit ▶ nicht sachgemäße Montage ▶ mangelhafte Montageanleitung ▶ Mangel in der Art oder Menge	▶ Verkäufer ist nicht Eigentümer der Ware. ▶ Die Ware ist mit fremden Rechten belastet.	▶ offener Mangel ▶ versteckter Mangel ▶ arglistig verschwiegener Mangel

Sachmangel

Ein Sachmangel liegt vor bei

- dem **Fehlen der vereinbarten Beschaffenheit** der Ware: Die tatsächliche Beschaffenheit der Ware weicht von der vereinbarten Beschaffenheit der Ware ab. Als einwandfrei ist eine Ware anzusehen, wenn sie sich für die vorgesehene Verwendung eignet und die Eigenschaften aufweist, die der Käufer nach Art der Ware erwarten kann. Diese Erwartung kann sich auch auf die Aussage eines Herstellers in seiner **Produktwerbung** beziehen. Aussagen aus der Werbung sind also ausnahmslos verbindlich!
- **nicht sachgemäßer Montage** der Kaufsache: Die vereinbarte Montage wird unsachgemäß durchgeführt, egal ob vom Verkäufer selbst oder von einem Erfüllungsgehilfen

▶▶ **Beispiel:**
Ein Hersteller wirbt mit spülmaschinenfestem Geschirr. Aber schon nach dem ersten Spülgang verblasst die Farbe des Geschirrs.

▶▶ **Beispiel:**
Ein geliefertes Verkaufsregal ist als solches zwar intakt, wurde aber vom Monteur nicht waagrecht aufgestellt.

- einer **fehlerhaften Montageanleitung** (so genannte IKEA-Klausel): Dem Käufer gelingt es wegen der fehlerhaften Anleitung nicht, die gekaufte Sache zu montieren, zusammenzubauen oder einzubauen.
- einem **Mangel in Art oder Menge:** Der Verkäufer liefert eine andere Ware oder eine falsche Menge.

Rechtsmangel

Ein Rechtsmangel liegt vor, wenn

- der **Verkäufer nicht Eigentümer der Ware** ist.

▶▶ **Beispiel:**
gestohlene Ware, Eigentumsvorbehalt

- die Ware mit **fremden Rechten** belastet ist.

▶▶ **Beispiel:**
Pfand

Erkennbarkeit

Nach der Erkennbarkeit werden folgende Mängelarten unterschieden:

- Ein **offener Mangel** ist bei der Eingangsprüfung der Ware klar zu erkennen.

▶▶ **Beispiel:**
Das Gehäuse eines gelieferten Fernsehers ist verkratzt.

- **Versteckte Mängel** sind auf den ersten Blick nicht zu erkennen.

▶▶ **Beispiel:**
Der Inhalt einiger Konservendosen ist verdorben.

- Ein **arglistig verschwiegener Mangel** liegt vor, wenn der Verkäufer einen ihm bekannten Mangel absichtlich verheimlicht.

▶▶ **Beispiel:**
Ein Computer wird als fabrikneu verkauft, obwohl dieser bereits bei einem Kunden zur Probe gelaufen ist.

2.2.2 Pflichten des Käufers

Der Käufer hat je nach seiner rechtlichen Stellung bei der Warenannahme verschiedene Pflichten:

Käufer ist ...

Unternehmer
- **zweiseitiger Handelskauf**
  Unternehmer kauft von Unternehmer
- **einseitiger Handelskauf**
  Unternehmer kauft von Privatperson

Nichtkaufmann
- **bürgerlicher Kauf**
  Privatperson kauft von Privatperson
- **einseitiger Handelskauf**
  Privatperson kauft von Unternehmer
  (Verbrauchsgüterkauf; § 474 BGB)

Käufer ist Unternehmer

Käufer ist Unternehmer beim einseitigen oder zweiseitigen Handelskauf:

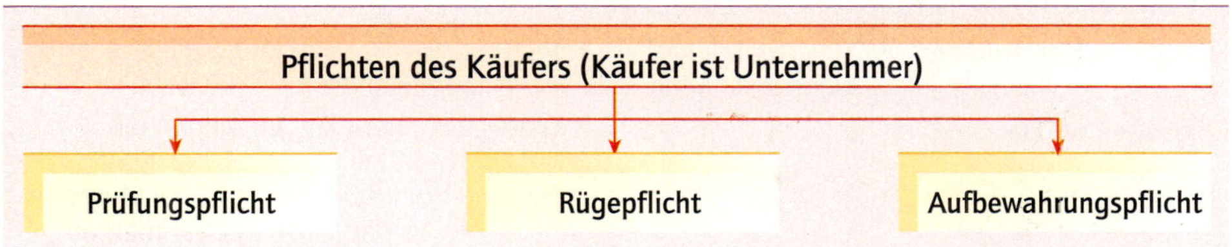

- **Prüfungspflicht:** Der Käufer muss die Ware **unverzüglich** auf Güte, Menge und Art prüfen. Sind die Mängel bereits bei der Übergabe sichtbar, so kann die **Annahme verweigert** werden. Erfolgt trotz der Mängel eine Abnahme, so muss sich das Recht aus der Mängelrüge sofort vorbehalten werden, z. B. durch einen Vermerk auf dem Lieferschein (siehe Kap. 1 Warenannahme).
- **Rügepflicht:** Grundsätzlich muss der Käufer jeden Mangel nach der Entdeckung **unverzüglich** rügen. Die Mängel müssen in der Rüge **genau bezeichnet** werden (siehe Kap. 2.2.5 Mängelrüge). Dabei sind folgende **Verjährungsfristen** zu beachten:
  - **Offene Mängel** sind unverzüglich nach der Eingangsprüfung zu rügen.
  - Die Rüge eines **versteckten Mangels** ist nur innerhalb der gesetzlichen Gewährleistungsfrist von zwei Jahren nach dem Zeitpunkt der Lieferung möglich. Diese Frist kann vertraglich verlängert werden (Garantie).
  - Wird ein **Mangel arglistig verschwiegen,** gilt die allgemeine Verjährungsfrist von drei Jahren (beginnend mit Ablauf des Jahres, in dem der Mangel entdeckt wurde).
  - Bei **gebrauchten Sachen** kann eine Verjährungsfrist von einem Jahr vereinbart werden.
- **Aufbewahrungspflicht:**
  - beim **Platzkauf:** Die mangelhafte Ware kann sofort zurückgeschickt werden.
  - beim **Distanzkauf:** Ware kann aufbewahrt werden, um Transportkosten zu vermeiden. Die Lagerung muss ordnungsgemäß erfolgen und die Lagerkosten können dem Verkäufer in Rechnung gestellt werden.
  - beim **Notverkauf:** Ist die Ware dem Verderb ausgesetzt oder Gefahr in Verzug, so kann der Käufer die Ware verkaufen lassen.

Käufer ist Nichtkaufmann

Käufer ist Nichtkaufmann beim einseitigen Handelskauf **(Verbrauchsgüterkauf)** oder bürgerlichen Kauf. Verkauft ein Einzelhändler Ware an seine privaten Kunden, so gelten einige **abweichende Regelungen:**

- Der Käufer muss die Ware **nicht unverzüglich prüfen.**
- Mängel müssen **nicht unverzüglich gerügt** werden. Die Rüge bei offenen und versteckten Mängeln kann innerhalb der Gewährleistungsfrist vorgenommen werden.
- Innerhalb der ersten 6 Monate liegt bei einem Mangel die Beweispflicht beim Verkäufer. Der Verkäufer muss also dem reklamierenden Kunden beweisen, dass der Mangel erst nach der Übergabe der Ware eingetreten ist. Nach Ablauf von sechs Monaten hat der Kunde seinerseits zu beweisen, dass der Mangel bereits beim Kauf vorlag **(Beweislastumkehr).**

Nachfolgende Übersicht zeigt zusammenfassend die **Reklamationsfristen:**

	offener Mangel	versteckter Mangel	arglistig verschwiegener Mangel
Käufer ist Unternehmer ▶ einseitiger Handelskauf ▶ zweiseitiger Handelskauf	unverzüglich nach Eingangsprüfung	▶ unverzüglich nach der Entdeckung ▶ spätestens innerhalb der Gewährleistungsfrist (in der Regel zwei Jahre)	▶ unverzüglich nach Entdeckung ▶ innerhalb von 3 Jahren (Beginn: Ende des Jahres nach Entdeckung)
Käufer ist Nichtkaufmann ▶ bürgerlicher Kauf ▶ einseitiger Handelskauf (Verbrauchsgüterkauf)	▶ innerhalb der Gewährleistungsfrist (in der Regel zwei Jahre)		▶ innerhalb von 3 Jahren (Beginn; Ende des Jahres nach der Entdeckung)

2.2.3 Rechte des Käufers

Liefert ein Verkäufer eine Sache, die einen der aufgeführten Mängel aufweist, so gibt der Gesetzgeber dem Käufer eine Reihe von Rechten. Diese Rechte sind in **zwei Stufen** anzuwenden:

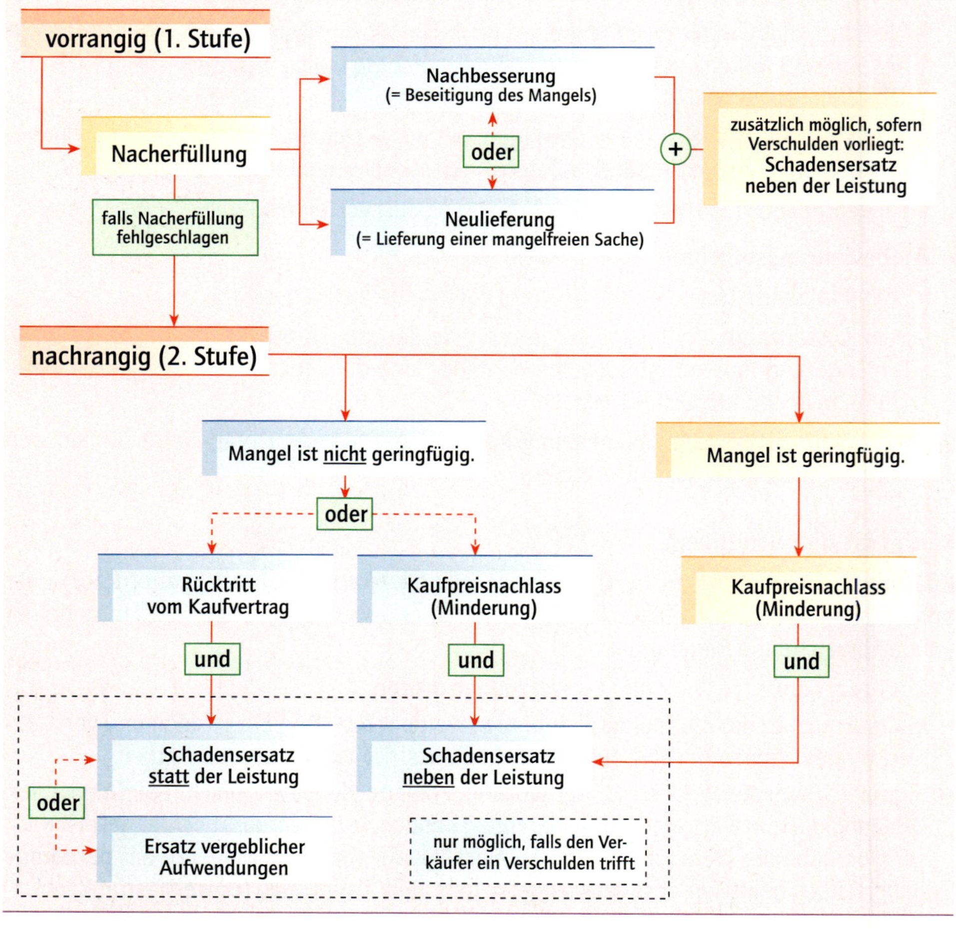

Vorrangige Rechte (1. Stufe)

Die **Nacherfüllung** räumt dem Verkäufer die Möglichkeit ein, den vorliegenden Mangel zu beseitigen. Hierzu hat der Käufer ein Wahlrecht zwischen der Mängelbeseitigung **(Nachbesserung)** und der **Neulieferung.** Es ist dabei bedeutungslos, ob ein Verschulden (Vorsatz, Fahrlässigkeit) des Verkäufers vorliegt.

- **Mängelbeseitigung (Nachbesserung):** Beseitigung des Mangels durch Reparatur

▶▶ **Beispiel:**

Die gekaufte elektronische Kasse ist defekt. Der Hersteller schickt einen Kundendienstmitarbeiter, der die Kasse vor Ort repariert.

- **Neulieferung:** Lieferung einer mangelfreien Sache (Ersatzlieferung)

▶▶ **Beispiel:**

Fünf von 50 gelieferten Herrenoberhemden hatten einen Webfehler. Der Lieferer liefert fünf mangelfreie Hemden nach.

Die verlangte Nacherfüllung gilt als **fehlgeschlagen:**

- nach zwei erfolglosen Nachbesserungsversuchen;

▶▶ **Beispiel:**

Die elektronische Kasse ist trotz zweimaligem Reparaturversuch des Kundendienstmitarbeiters immer noch defekt.

- wenn die **Nachbesserung/Neulieferung vom Verkäufer verweigert** wurde, weil sie unmöglich ist oder mit unverhältnismäßig hohen Kosten verbunden ist.

Handelte der Verkäufer schuldhaft (Vorsatz, Fahrlässigkeit), dann kann der Käufer zusätzlich neben der Nacherfüllung einen **Schadensersatzanspruch** geltend machen. Ist die Nachbesserung fehlgeschlagen, dann kann der Käufer auf die nachrangigen Rechte zurückgreifen.

Nachrangige Rechte (2. Stufe)

Die nachrangigen Rechte setzen voraus, dass eine **Nacherfüllungsfrist** erfolglos blieb und die vorliegenden Mängel nicht geringfügig sind. Die Nachfrist ist entbehrlich, wenn der Verkäufer die Nacherfüllung verweigert oder diese zweimal fehlgeschlagen ist bzw. unzumutbar erscheint. Bei einem Fixkauf oder einem Zweckkauf ist eine Nachfrist für die Nacherfüllung ebenfalls entbehrlich.

- **Rücktritt vom Vertrag:** Der Käufer gibt die mangelhafte Ware zurück und erhält einen eventuell bereits bezahlten Kaufpreis (Anzahlung) zurück. Der Rücktritt vom Vertrag ist nur möglich, wenn es sich um einen nicht geringfügigen Mangel handelt.

▶▶ **Beispiel:**

Die Registrierkasse hat einen kleinen Kratzer auf dem Display. Ein Rücktritt vom Vertrag ist hier nicht möglich.

- **Minderung des Kaufpreises:** Möchte der Käufer die mangelhafte Ware behalten, so bleibt der Kaufvertrag bestehen, er kann aber einen angemessenen Preisnachlass fordern.

- **Schadensersatz:** Trifft den Verkäufer ein Verschulden (Vorsatz, Fahrlässigkeit), so kann der Käufer zusätzlich zur Minderung des Kaufpreises einen **Schadensersatz neben der Leistung** (kleiner Schadensersatz) fordern, falls ein nachweisbarer Schaden entstanden ist. Tritt der Käufer vom Vertrag zurück und ihm entstanden Kosten, so kann er **Schadensersatz statt der Leistung** (großer Schadensersatz) fordern.
- Anstelle des großen Schadensersatzes kann der Käufer den **Ersatz vergeblicher Aufwendungen** fordern, die er im Vertrauen auf den Erhalt der Ware bereits gemacht hat.

Beispiel:

Ein Einzelhändler hat bereits eine Werbeanzeige für das Produkt in Tageszeitungen geschaltet. Die entstandenen Kosten hat der Verkäufer zu übernehmen.

2.2.4 Rückgriff des Unternehmens auf seinen Lieferer

Nimmt ein Lieferer aufgrund einer Mängelrüge des Einzelhändlers bzw. ein Einzelhändler aufgrund einer Mängelrüge eines Kunden eine Ware zurück oder mindert den Kaufpreis, kann der Einzelhändler jeweils auf seinen Lieferer zurückgreifen. In diesem Fall kann er seine Rechte sofort geltend machen, ohne erst eine Mahnung mit Fristsetzung abgeben zu müssen. Außerdem kann er Ersatz seiner Aufwendungen fordern. Jedem Lieferer innerhalb der Lieferkette stehen diese Rechte zu. Für die Geltendmachung seiner Ansprüche hat jeder innerhalb dieser Kette jeweils zwei Monate Zeit. Die Verjährung wird um diesen Zeitraum hinausgeschoben (gehemmt).

2.2.5 Mängelrüge

Obwohl für die Mängelrüge keine bestimmte Form vorgeschrieben ist, sollte man immer schriftlich reklamieren. Der Brief, das Telefax oder die E-Mail an den Lieferer enthält die

1. **Empfangsbestätigung** der Sendung,
2. **genaue Beschreibung des Mangels** (Ein allgemeiner Hinweis wie „Ware mangelhaft" genügt nicht!),
3. **Ansprüche,** die aus der mangelhaften Erfüllung des Kaufvertrages abgeleitet werden,
4. **Bitte an den Lieferer,** sich zu äußern.

Lebensmittelgroßhandlung Georg Holzmann

Von:	<EvaStrobel@Supermarkt.de>
An:	<Service@GeorgHolzmann-wvd.de>
Gesendet:	Montag, 10. November 20 . . 09:24
Betreff:	Mangelrüge zu Auftrag Nr. 6 234

Sehr geehrte Damen und Herren,

gestern erhielt ich Ihre Sendung verschiedener Pralinen. Die gelieferten Markenfabrikate sind einwandfrei. Jedoch die

200 Packungen „Flieder" – 250 g

stimmen nicht mit dem angebotenen Muster überein. Im Gegensatz zu der von Ihrem Vertreter, Herrn Backmann, vorgezeigten Musterpackung wirken die Farben auf den gelieferten Schachteln blass und verwaschen. Gerade bei Pralinen ist jedoch eine attraktive Verpackung für die Verkaufsfähigkeit besonders wichtig.

Ich habe die 200 Packungen „Flieder" ausdrücklich nach Muster bestellt und bin nicht bereit, die gelieferte Ware zu dem in Rechnung gestellten Preis von 3,80 € je Packung zu übernehmen. Eine Absatzmöglichkeit besteht allenfalls als „Sonderangebot" zu einem besonders niedrigen Preis.

Daher schlage ich Ihnen vor, mir für die beanstandeten Pralinenpackungen einen Preisnachlass von 12 % einzuräumen. Andernfalls müsste ich Ihnen die Ware wieder zur Verfügung stellen.

Ich erwarte Ihren baldigen Bescheid.

Mit freundlichen Grüßen
SUPERMARKT (Inh. Eva Strobel)
Eva Strobel

Telefon: 069 3575420
Telefax: 069 3578422
E-Mail: supermarkt.strobel@wvd.de
Internet: www.supermarkt.strobel.wvd.de

3 Lagerhaltung

Die angelieferte Ware wird nach der Warenannahme in den seltensten Fällen sofort und vollständig verkauft. Vielmehr muss die Ware bis zum Verkauf eingelagert werden. Das Lager ist also der Ort, wo der Einzelhändler die Ware auf Vorrat aufbewahrt.

Im Lager liegt ein beträchtlicher Teil des Betriebsvermögens in Form der eingelagerten Ware fest, weshalb die richtige Lagerhaltung eine wichtige Voraussetzung für den Verkaufserfolg darstellt.

3.1 Aufgaben der Lagerhaltung

Die Kunden erwarten, dass sie beim Einkaufen immer ein volles Sortiment vorfinden. Ein Einzelhandelsunternehmen kann trotz moderner Informationssysteme (WWS) niemals genau voraussehen, welche Waren zu welchem Zeitpunkt und in welcher Menge verkauft werden. Das Lager des Einzelhändlers soll zeitliche und mengenmäßige Unterschiede zwischen dem Wareneinkauf und dem Warenverkauf ausgleichen. Die Lagerhaltung im Einzelhandel erfüllt folgende Aufgaben:

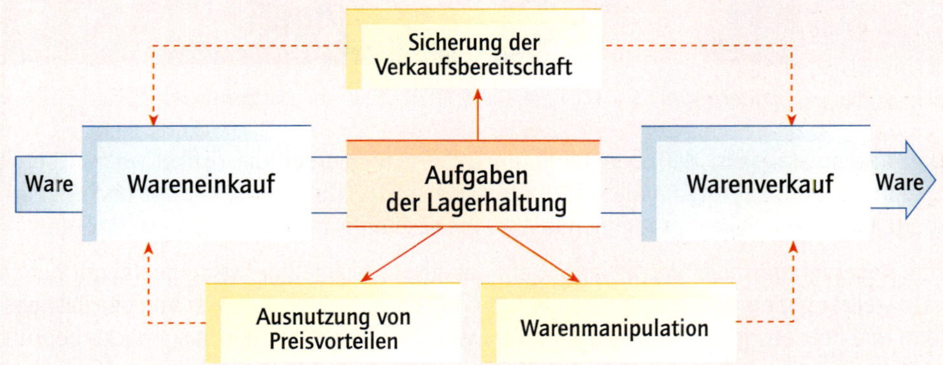

- **Sicherung der Verkaufsbereitschaft:** Bis zur nächsten Lieferung muss das volle Sortiment verkaufsbereit sein. Es dürfen keine Verkaufslücken entstehen, weil sonst die Gefahr des Umsatzverlustes besteht, da die Kunden zur Konkurrenz wechseln. **Zeitliche Unregelmäßigkeiten** bei der Warenlieferung (z. B. Lieferverzögerungen, Transportschwierigkeiten) müssen überbrückt werden. Auf **saisonbedingte Schwankungen** der Nachfrage muss man vorbereitet sein, z. B. müssen Badeartikel oder Regenschirme schon vor dem Bedarf bereitliegen.
- **Ausnutzung von Preisvorteilen:** Größere Mengen können meist preisgünstiger eingekauft werden (Großeinkauf). Durch Mengenrabatte und durch geringere Versand- und Verpackungskosten können auf diese Weise **Preisschwankungen** ausgeglichen werden. Für günstige **Gelegenheitseinkäufe** muss auch noch Platz im Lager vorhanden sein.

- **Warenmanipulation:** Der Einzelhändler stellt die Ware erst verbrauchergerecht zusammen, z. B. durch Umpackung in kleinere Mengen, durch Zusammenstellen von zusammengehörenden Teilen (Rock, Bluse, Jacke), durch Umfüllen und Lagern bis zur Reife (Wein, Obst).

3.2 Lagerarten

Im Einzelhandel sind hauptsächlich zwei Lagerarten anzutreffen:

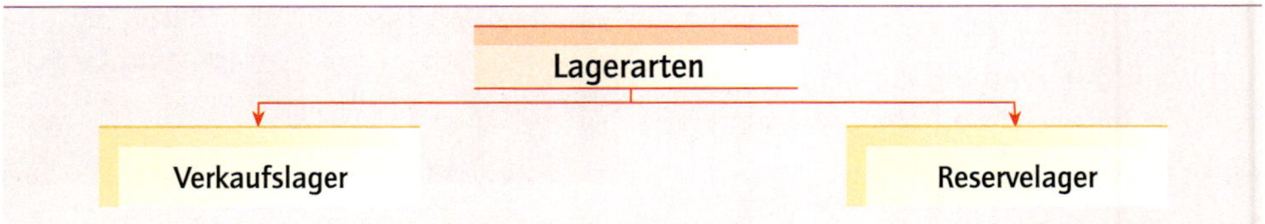

Ladenraum

Nebenraum

Das Verkaufslager ist der Ladenraum. Im Ladenraum werden die Artikel verkaufsbereit gehalten. In kleinen Einzelhandelsgeschäften, aber auch in Discountgeschäften und Verbrauchermärkten wird die hereinkommende Ware meist sofort in das Verkaufslager einsortiert.

Das Reservelager oder Vorratslager befindet sich zweckmäßigerweise in Nebenräumen unmittelbar neben dem Verkaufsraum. Die Größe des Reservelagers ist von der Betriebsform und Betriebsgröße abhängig. Die Ware wird dort angenommen, ausgepackt, geprüft, ausgezeichnet und gelagert, bis sie im Verkaufslager benötigt wird. Manchmal ist wegen hoher Mietkosten das Reservelager auch in einer billigeren Lage außerhalb untergebracht.

Aufgabe des Reservelagers ist es, das Verkaufslager übersichtlich zu halten und damit die Warenpräsentation des Sortiments nicht zu beeinträchtigen. Das Reservelager dient vor allem der Aufnahme von Waren, die

- als Verkaufsreserve dienen und nicht im Verkaufslager gelagert werden können,
- erst noch verkaufsbereit gemacht werden müssen (Auspacken, Prüfen, Auszeichnen),
- saisonbedingt nicht nachgefragt werden,
- nur selten verlangt werden und nicht im Verkaufsraum vorrätig gehalten werden,
- von Kunden zurückgegeben wurden,
- für Kunden extra bestellt wurden.

3.3 Lagereinrichtung

Damit die Aufgaben der Lagerhaltung optimal erfüllt werden können, müssen bei der Einrichtung des Lagers bestimmte Grundsätze beachtet werden. Das Lager muss hinsichtlich Raumbedarf, Raumaufteilung und Einrichtung dem Sortiment, den Bedürfnissen der Kunden sowie der Organisation im Einzelhandelsunternehmen entsprechen.

Verkaufslager

In Geschäften mit Vorwahl oder Selbstbedienung ermöglicht das Verkaufslager dem Kunden einen unmittelbaren Zugriff auf die Ware. Bei der Ausstattung und Einrichtung der **Verkaufsräume** sind daher die Grundsätze der **Warenpräsentation und Ladengestaltung** zu beachten, da gerade hier der Kunde mit der Ware in engen Kontakt kommt (siehe LF 4).

Reservelager

Eine aufwändige verkaufsfördernde Ausstattung ist hier nicht erforderlich. Die Einrichtung des Reservelagers wird in erster Linie von der zweckmäßigen Aufbewahrung der Waren bestimmt.

Neben den zur Lagerung notwendigen Einrichtungen wie Regale, Schränke, Ständer, Kühlanlagen usw. gehören noch **wichtige Hilfsmittel** zur Beförderung der Waren wie z. B. Transportbänder, Gabelstapler und Aufzüge. Ferner werden Waagen und Messgeräte benötigt.

Grundsätzlich sollten von jedem Lager und den erforderlichen Einrichtungen folgende **Anforderungen** erfüllt werden:

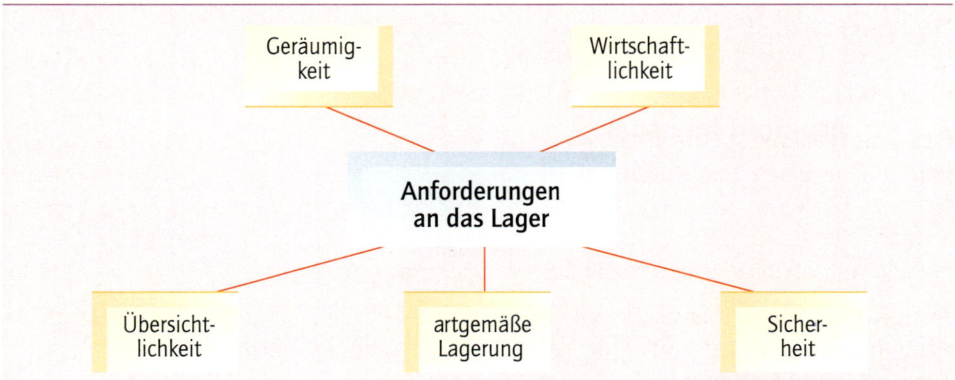

Geräumigkeit: Es muss ausreichend Platz vorhanden sein, dass bei Spitzenbelastungen der innerbetriebliche Transport durch herumstehende Waren nicht gefährdet wird. Im Einzelhandel werden im Reservelager die Waren angenommen, ausgepackt und geprüft. Ein zu kleines und enges Lager verursacht durch Zeitverlust zusätzliche Lagerkosten.

Übersichtlichkeit: Im Rahmen einer sinnvollen **Lagerorganisation** muss das Lager übersichtlich gehalten werden. Unter dem Begriff Lagerorganisation versteht man die Zuordnung der Ware auf die Lagerplätze im Lager.

Hierbei werden zwei Ansätze unterschieden:

- Beim **chaotischen System** wird die Ware im Reservelager auf freie Lagerplätze verteilt. Diese Lagerorganisation erfordert nahezu immer ein EDV-gesteuertes System, um die Ware wieder schnell auffinden zu können.
- Beim **Festplatzsystem** wird dem einzulagernden Artikel ein fester Platz zugeordnet. Mithilfe eines genauen **Lagerplans** wird dieser Platz eindeutig und fest dem Artikel zugeordnet. Der Vorteil liegt in der guten Wiederauffindbarkeit und der Möglichkeit der Sortierung nach Art und Umschlagshäufigkeit (häufig benutzte Güter werden z. B. am Anfang gelagert). Auch ungeschultes Personal findet sich im Lager zurecht und beim Einordnen und Ausgeben wird nicht unnötig Zeit vertan.

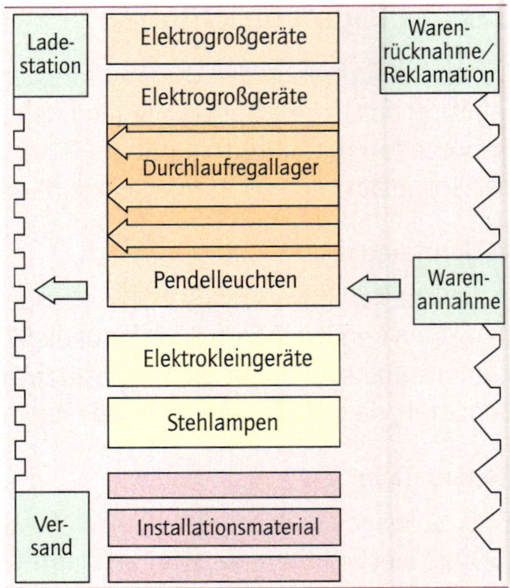

Lagerplan der Elektroabteilung

Artgemäße Lagerung: Die Art der Lagerung richtet sich nach dem zu lagernden Produkt. Das Lager muss so zweckmäßig eingerichtet sein, dass produktabhängig z. B. der Schutz vor Feuchtigkeit, Trockenheit oder Licht ebenso möglich ist wie vor Hitze oder Kälte. Das Lager muss der Art, Güte und dem Wert der Ware entsprechen.

Wirtschaftlichkeit: Die Kosten der Lagerhaltung sind hoch (siehe Kap. 3.6 Kosten der Lagerhaltung). Um die Kosten so gering wie möglich zu halten, sollten die gelagerte Menge, die Lagerdauer und der Verwaltungsaufwand so gering wie möglich gehalten werden.

Sicherheit: Durch bestimmte Vorsorge- und Sicherungsmaßnahmen kann im Lager die Gefahr eines Brandes, eines Diebstahls oder eines Unfalls vermindert werden. Die Arbeitsbedingungen im Lager müssen den Vorschriften des Arbeitsplatzschutzes entsprechen (siehe Kap. 3.5 Sicherheitsvorkehrungen).

3.4 Arbeiten im Lager

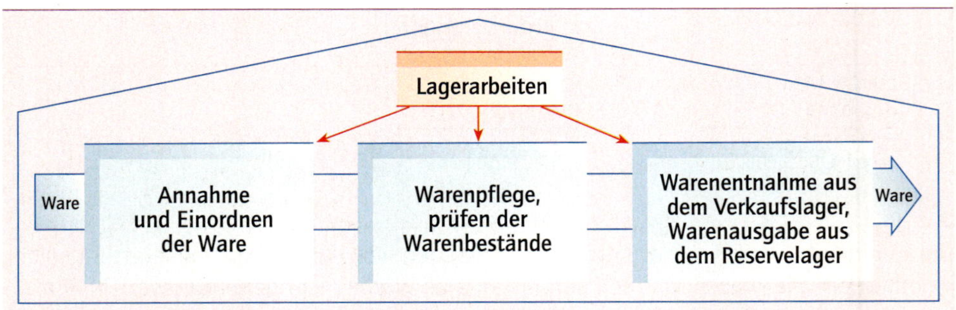

Annahme und Einordnen der Waren

Bei der Annahme müssen alle Waren genau geprüft werden. Danach wird der Wareneingang erfasst (siehe Kap. 1 Warenannahme), die einzelnen Waren werden mit dem Preis ausgezeichnet (siehe LF 9) und je nach Bedarf in das Verkaufs- oder Reservelager einsortiert.

Beim Einordnen sind **drei Regeln** zu beachten:

- Nur einwandfreie Ware kommt ins Lager.
- Jede Ware hat ihren bestimmten festen Platz **(Festplatzsystem).**
- Neue (frische) Ware kommt hinter (unter) die alte, damit die alte Ware zuerst verkauft wird („FIFO"-Regel – first in first out). Umgekehrt wird bei der „LIFO"-Regel verfahren (last in first out). Hierbei wird die neue Ware zuerst verkauft (häufig im Discountbereich).

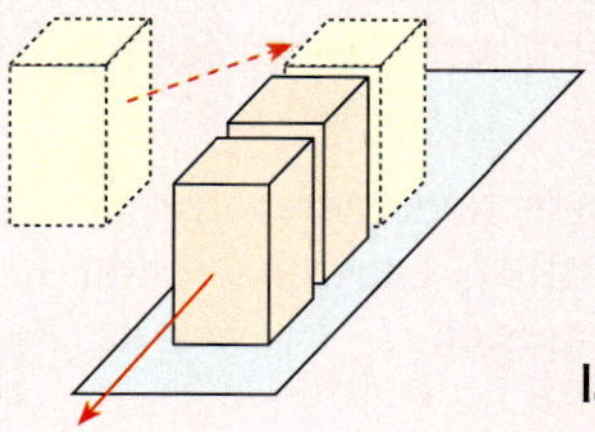

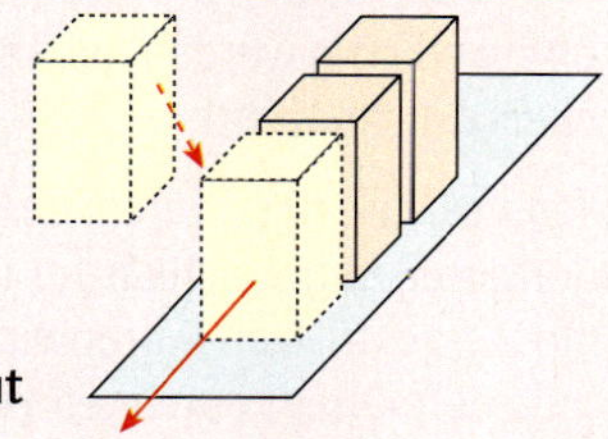

Warenpflege und Prüfen der Warenbestände

Während der Lagerhaltung haben die Mitarbeiter die Aufgabe, die **Waren zu pflegen** und die **Warenbestände** zu **prüfen.**

Wenn sich die Ware stets in einwandfreiem Zustand befinden soll, muss das Lager einer dauernden Pflege und Überwachung unterliegen. Empfindliche Waren müssen regelmäßig gepflegt werden, damit sie nicht verstauben (Wäsche, Kleider usw.) und durch Schädlinge (Motten, Mäuse, Schimmel) oder durch unsachgemäße Lagerung (Bombieren von Konserven) unbrauchbar und unverkäuflich werden. Manche Waren verlangen eine besondere Behandlung bei der Lagerung.

7

Beispiel:

vor Feuchtigkeit schützen	Metallwaren (einfetten), Holzwaren, Zucker, Salz, Seife, Mehl, Gips
kühl lagern	Fleischwaren, Fette, Obst, Gemüse, Konserven, Weine, Fische
nicht zu trocken lagern	Tabakwaren, Gummiwaren, Lederwaren (bestimmter Feuchtigkeitsgehalt der Luft)
vor starker Lichteinwirkung und Sonnenbestrahlung schützen	Papier, Bücher, weiße und bunte Stoffe, Kleider, Farben, Süßwaren, Fette, Obst
vor Geruchseinwirkung durch andere Waren schützen	Kaffee, Kakao, Schokolade, Tee, Tabakwaren (nicht neben Käse, Fischen, Seifen, Parfümerien lagern). Petroleum darf wegen seines Geruchs nicht mit Lebensmitteln in Berührung kommen. Schnittkäse muss unter einer Glocke, Röstkaffee in gut verschlossenen Büchsen aufbewahrt werden.
vor Staub schützen	Wäsche, Kleider, Bücher, Schmuckwaren, Apparate, Instrumente, Maschinen
vor Motten schützen	Wollwaren, wollhaltige Kleidungsstücke, Teppiche, Pelze
vor Insekten schützen	offene Lebensmittel, Delikatessen, Süßwaren
vor starken Erschütterungen sichern	Uhren, optische Apparate, Instrumente, Lampen, Glas, Porzellan

Beim regelmäßigen Prüfen der Warenbestände werden kontrolliert:

- die **Menge der Ware** (z. B. Stückzahl, Menge, Gewicht), um Diebstähle festzustellen und Ladenhüter zu vermeiden. Durch zusätzliche, in unregelmäßigen Zeitabständen erfolgende Kontrollen soll Unredlichkeiten des Personals vorgebeugt werden.
- die **Beschaffenheit der Ware** (z. B. Zustand, Eigenschaften, Aufmachung, Verpackung, Verfalldaten) zur Feststellung von Verderb und Beschädigungen. Bei Lebensmitteln aller Art ist diese Kontrolle besonders wichtig. Stichprobenkontrollen durch die Lebensmittelüberwachung werden neben der Eigenkontrolle von Zeit zu Zeit zum Schutz des Verbrauchers durchgeführt.

Hilfsmittel für das Prüfen der Warenbestände sind Lagerverzeichnisse, Lagerbuch bzw. Lagerkartei, Lagerfachkarten und Lagerstatistik (= Lagerbuchführung). Im Rahmen eines computergestützten Warenwirtschaftssystems (siehe LF 11) wird das Prüfen der Warenbestände permanent durchgeführt.

Warenentnahme

Die **Warenentnahmen aus dem Verkaufslager** entstehen durch den Verkaufsvorgang. Der Verkauf der Ware an den Kunden wird durch die Kasse registriert. Die **Warenausgabe aus dem Reservelager** an den Verkauf darf nur gegen Beleg erfolgen, z. B. gegen einen Warenentnahmeschein. Der Warenabgang ist auf jeden Fall zu erfassen und ggf. in einer Bestandskartei oder dem Warenwirtschaftssystem zu verbuchen. Weiterhin ist festzustellen, ob durch den Abgang der jeweiligen Ware der Bestand so weit vermindert wurde, dass eine Nachbestellung erfolgen muss (siehe Lagerbestandsarten).

3.5 Sicherheitsvorkehrungen im Lager

Der Feuerschutz ist in erster Linie Aufgabe der Geschäftsleitung.

- Feuerlöschgeräte müssen bereitgestellt sein.
- Alarmzeichen müssen bekannt und erprobt sein.
- Im Lager sind grundsätzlich Rauchen und offenes Feuer verboten.
- Notausgänge müssen in größeren Betrieben vorhanden und gekennzeichnet sein.
- Feueralarmordnungen regeln das Verhalten bei Ausbruch eines Brandes.

Die Unfallverhütung wird im Handel häufig nicht mit der nötigen Sorgfalt wahrgenommen. Auch in den Betrieben des Einzelhandels ereignen sich immer wieder vermeidbare Unfälle **im Lager** (durch schadhafte Werkzeuge und Leitern, herausstehende Nägel, schlechte Beleuchtung, Unachtsamkeit im Umgang mit Maschinen, Missachtung von Betriebsschutzvorschriften) und **im Laden** (durch Bodenglätte, Einfallen von Warenstapeln, Ungeschicklichkeit beim Verpacken).

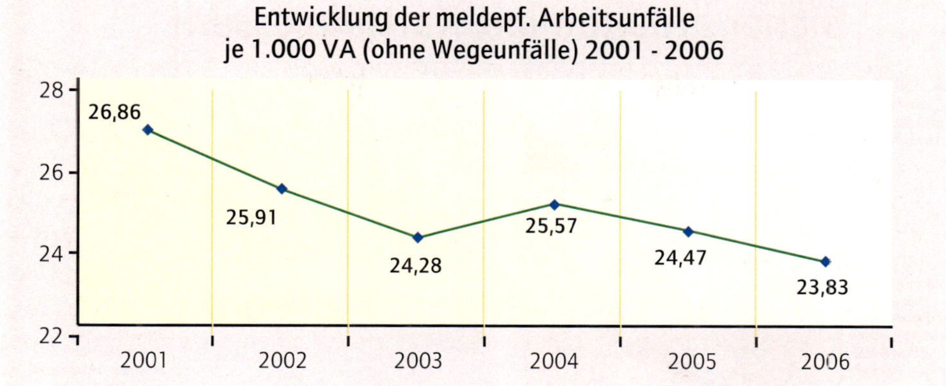

Das **Arbeitsschutzgesetz** verpflichtet den Einzelhändler zur Verhütung von Arbeitsunfällen und zum Gesundheitsschutz der Arbeitnehmer, Vorkehrungen nach den geltenden Arbeitsschutz- und Unfallverhütungsvorschriften zu treffen. Die Abbildung oben zeigt die Entwicklung der bei der **Berufsgenossenschaft für den Einzelhandel** meldepflichtigen Arbeitsunfälle von 2001 bis 2006. Nachfolgende Tabelle listet die häufigsten unfallauslösenden Gegenstände (Stand 2005) auf.

	unfallauslösende Gegenstände	Anzahl	Anteil
1	Fußböden, Gehwege	5 895	16,0 %
2	Messer	4 569	12,4 %
3	Gelagerte Gegenstände, Kartons, Verpackungen	2 418	6,5 %
4	Treppen	1 880	5,1 %
5	Behälter, Flaschen, Container	1 746	4,7 %
6	Aufschnittschneidemaschinen	1 573	4,3 %
7	Türen, Tore	1 290	3,5 %
8	Rollbehälter	1 275	3,5 %
9	Menschen (Gewaltanwendung)	1 271	3,4 %
10	Paletten	1 222	3,3 %
11	Haushaltsgeräte, -gegenstände	1 021	2,8 %
12	Leitern	993	2,7 %
13	Splitter, Späne, Scherben	741	2,0 %
	sonstige Gegenstände mit einem jeweiligen Anteil unter 2 %	11 046	29,8 %
	Summe der meldepflichtigen Arbeitsunfälle	36 940	100 %

Gerade die **Gefährdungen** des Mitarbeiters im Lagerbereich sind vielseitig:

- An- und Wegfahren der Lieferer auf dem Betriebsgelände
- Be- und Entladen der Lieferfahrzeuge an der Rampe
- Transport der Ware mit Transportmitteln im Unternehmen (Gabelstapler, Hubwagen)
- Lagern der Ware in Regal- und Lagereinrichtungen (Gefahr der Überlastung, Bruch und Durchbiegung)
- Umgang mit Lagergeräten (z. B. Arbeiten mit dem Kartonmesser, Leitern)
- falsches Hochheben von schweren Lasten usw.

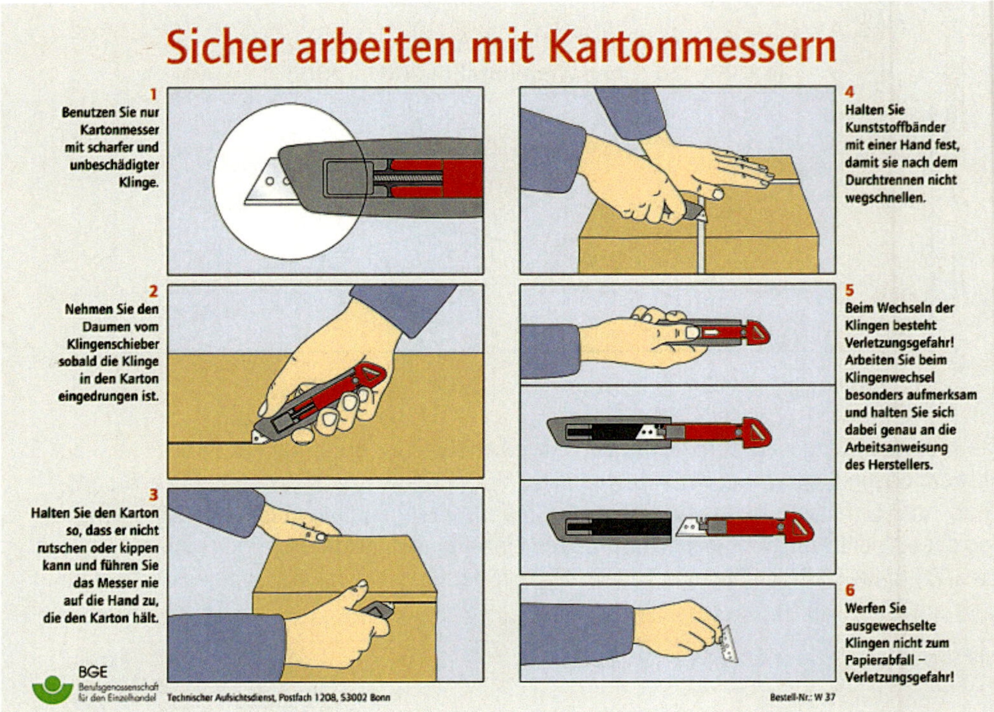

Gegen Schadensfälle ist der Einzelhändler in der Regel versichert. Trotzdem ist die sorgfältige Beachtung der Unfallverhütungs- und Feuerschutzvorschriften erforderlich.

Gegen Unfälle am Arbeitsplatz sind alle Arbeitnehmer versichert. Die **Berufsgenossenschaft** überwacht zusammen mit dem Gewerbeaufsichtsamt die Einhaltung der Sicherheitsvorkehrungen. Die Berufsgenossenschaften haben entsprechende Vorschriften erlassen, die für die Mitarbeiter deutlich sichtbar ausgehängt sein müssen.

Merkblätter für den Umgang mit Maschinen, Lagereinrichtungen, Gefahrenstoffen usw. können von der **Berufsgenossenschaft für den Einzelhandel** (Internetadresse: www.bge.de) bezogen werden. Ebenfalls können hier weiterführende Informationen zur Arbeitssicherheit und zum Unfallschutz im Einzelhandelsbetrieb erhalten werden.

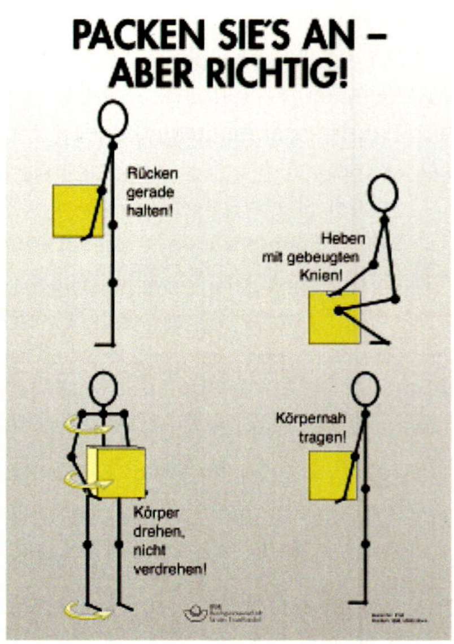

3.6 Kosten und Risiken der Lagerhaltung

Die Lagerung der Ware verursacht erhebliche Kosten:

Kosten der Lagerhaltung für …		
Lagereinrichtung	**Lagerverwaltung**	**Lagervorräte**
▶ Lagereinrichtung ▶ Miete ▶ Energie (Heizung, Strom) ▶ Reinigung ▶ Abnutzung der Lagereinrichtung ▶ Instandhaltung ▶ Transportgeräte ▶ u. a.	▶ Löhne und Gehälter des Lagerpersonals ▶ Sozialabgaben ▶ Sachkosten für Büromaterial ▶ u. a.	▶ Pflege der Ware ▶ Kosten zur Sicherung der Ware ▶ Lagerbewegungen ▶ u. a.

Die **Höhe der Lagerhaltungskosten steigt mit der Größe der Lagerhaltung.** Ein wichtiges Ziel der Lagerwirtschaft ist es, die Lagerkosten so gering wie möglich zu halten: Durch eine Warenbeschaffung (siehe LF 6), die sich in mengenmäßiger und zeitlicher Hinsicht am tatsächlichen Verkauf orientiert, lassen sich die Lagerhaltungskosten reduzieren bzw. vermeiden. Die Lagerhaltungskosten sollten immer durch die Handelsspanne abgedeckt sein.

Jede Lagerhaltung ist mit **Risiken** verbunden (Lagerrisiko):

wirtschaftliche Risiken	sonstige Risiken
▶ Geschmack- oder Modewandel ▶ wetter- und saisonabhängige Waren ▶ Verschlechterung der wirtschaftlichen Lage (Konjunktureinbrüche) ▶ technischer Fortschritt (gelagerte Artikel sind veraltet)	▶ Feuer ▶ Einbruch ▶ Wasserschaden ▶ Bruch, Beschädigung ▶ Schwund ▶ Verderben ▶ Diebstahl

Die wirtschaftlichen Risiken können durch genaue Marktbeobachtungen minimiert werden. Zur Vermeidung der sonstigen Risiken hilft der Abschluss von entsprechenden Versicherungen sowie das Treffen von Sicherheitsvorkehrungen im Lager.

3.7 Lagerkontrolle

3.7.1 Optimaler Lagerbestand

Wenn auch der Einzelhändler oft nur über einen begrenzten Lagerraum verfügt, ist es wichtig, einen ausreichenden Lagerbestand zu halten. Hier besteht aber ein **Konflikt** zwischen einem **zu hohen** und einem **zu niedrigen Lagerbestand.**

Ein **zu hoher Lagerbestand** verursacht hohe Lagerkosten, bindet Kapital, das im Unternehmen sinnvoller eingesetzt werden könnte, und es besteht die Gefahr des Veraltens, des Schwundes und des Verderbs.

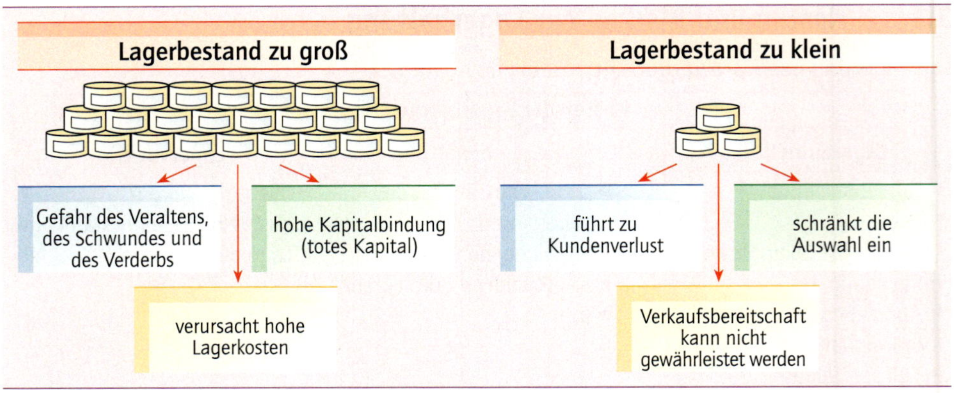

Bei einem **zu niedrigen Lagerbestand** hingegen ist die Verkaufs- bzw. Lieferfähigkeit nicht gewährleistet, die Auswahl ist eingeschränkt, was zu Kundenverlust führt.

Der **„richtige" (optimale) Lagerbestand** lässt sich nicht genau berechnen, weil das Einzelhandelsunternehmen nie die genaue Bedarfsmenge kennt bzw. nur schwer voraussagen kann, wie viel es von einer bestimmten Ware verkaufen wird. Die Lagerhaltung sollte daher so wirtschaftlich wie möglich geplant werden. Eine regelmäßige **Kontrolle der Lagerbestände** sowie die **Kennzahlen der Lagerhaltung** können beim Finden des „richtigen" Lagerbestandes helfen.

3.7.2 Inventur

Die Kontrolle der Lagerbestände erfolgt in regelmäßigen Zeitabständen in Form der so genannten **Inventur.** Jeder Kaufmann ist nach dem Handelsgesetzbuch (HGB) verpflichtet, zum Ende des Geschäftsjahres sein Vermögen und seine Schulden festzustellen (§ 240 HGB).

Dieses Bestandsverzeichnis wird als Inventar bezeichnet und dient als Grundlage zur Erstellung der Bilanz (siehe LF 8).
Bevor jedoch das Inventar erstellt werden kann, muss zunächst eine Bestandsaufnahme aller Vermögensteile und Schulden des Unternehmens erfolgen. Diese Bestandsaufnahme bezeichnet man als Inventur.

Die im Verkaufs- und Reservelager befindlichen Warenbestände (auch Warenauslagen, wie z. B. im Schaufenster) gehören zum Vermögen des Einzelhändlers und werden unter anderem bei der Inventur durch **Zählen, Messen** und **Wiegen** genau erfasst. Das mengenmäßige Ergebnis wird nach Warengruppen gegliedert in Listen eingetragen.

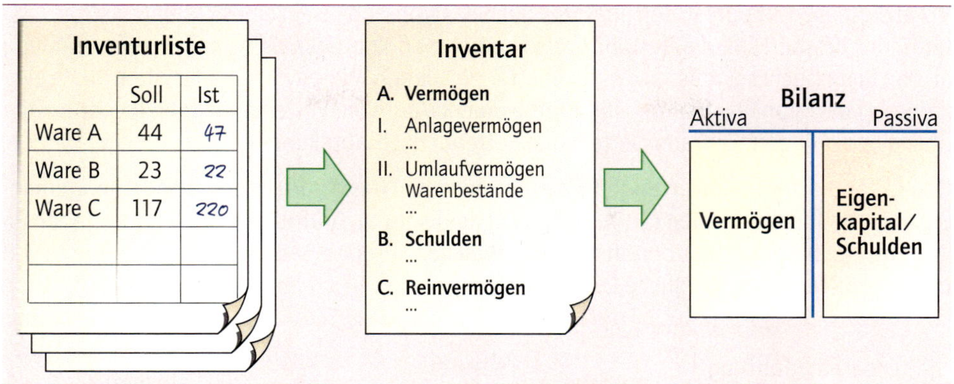

Nach dem Durchführungszeitpunkt der Inventur unterscheidet man drei Inventurarten:

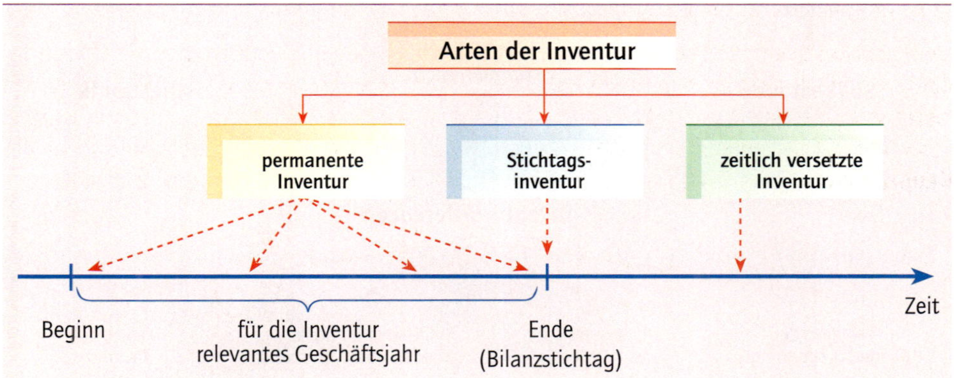

Stichtagsinventur (gesetzliche Regelung)

Die körperliche Erfassung der Vermögensgegenstände durch Zählen, Wiegen, Schätzen zu einem bestimmten Zeitpunkt nennt man Stichtagsinventur.

Die Inventur erfolgt zum Ende des Geschäftsjahres (= Bilanzstichtag). Zulässig ist dabei eine Ausdehnung der Inventur auf bis zu 10 Tage vor oder nach dem Bilanzstichtag. Die Stichtagsinventur ist im Einzelhandel oft mit erheblichen Störungen des Geschäftsbetriebes verbunden, da – je nach Sortiment – ein erheblicher Zählaufwand getrieben werden muss.

Zeitlich versetzte Inventur

Die Inventur kann um bis zu 3 Monate vorverlegt bzw. um bis zu 2 Monate verschoben werden. Dabei müssen Inventurwerte auf den Bilanzstichtag fortgeschrieben bzw. zurückgerechnet werden. Vorteil im Einzelhandel: Der Inventurzeitpunkt kann auf eine umsatzschwache Zeit verlegt werden, ohne das Geschäftsjahr ändern zu müssen.

Permanente Inventur

Bei der permanenten Inventur werden die Bestände an Waren regelmäßig fortgeschrieben und können deshalb jederzeit den Büchern (Lagerbuchführung) entnommen werden.

Voraussetzung ist heute in den meisten Fällen das Vorhandensein eines Warenwirtschaftssystems, mit dessen Hilfe die Bestandsfortschreibung erfolgt. Einmal im Jahr (= keine Bindung an den Bilanzstichtag) müssen die Buchbestände aus dem Warenwirtschaftssystem durch eine körperliche Bestandsaufnahme überprüft werden. Vorteil im Einzelhandel: Die Inventur kann über einen größeren Zeitraum verteilt und getrennt nach Abteilungen vorgenommen werden.

Das Ergebnis der Inventur zeigt an, ob die wirklichen Bestände **(Istbestände)** mengenmäßig mit den Buchbeständen **(Sollbeständen)** der Lagerbuchführung bzw. den Beständen im Warenwirtschaftssystem übereinstimmen. Weichen sie voneinander ab, so spricht man von **Inventurdifferenzen.** Mögliche Ursachen können sein:

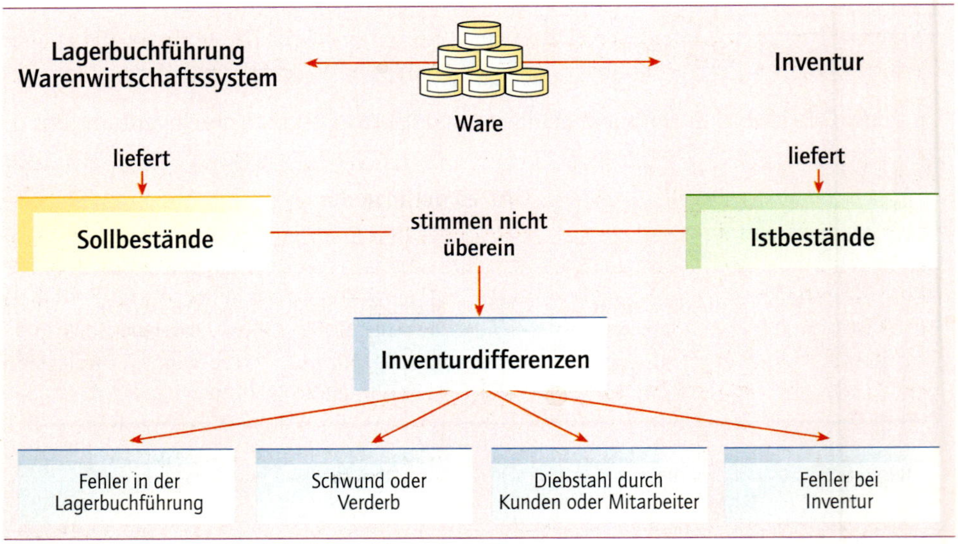

3.7.3 Lagerbestandsarten

Ein weiteres Hilfsmittel der Bestandskontrolle im Lager ist das Festlegen von **Mindest-, Höchst- und Meldebeständen** der im Einzelhandelsbetrieb geführten Ware. Gerade die mengenmäßig und zeitlich richtige Lagerergänzung stellt ein schwierig zu lösendes Problem dar (siehe auch LF 6). In der Praxis wird häufig erst dann der Vorrat einer Ware ergänzt, wenn der tatsächliche Lagerbestand einen vorher festgelegten Bestand (Mindestbestand) erreicht hat.

Mindestbestand

Von jedem Standardartikel muss ein Mindestbestand als Reserve vorhanden sein. Dieser **„eiserne Bestand"** darf nur auf ausdrückliche Anweisung der Geschäftsleitung angegriffen werden. Dies kann z. B. bei Lieferungsverzögerungen oder bei unvorhergesehener Nachfrage der Fall sein. In der Regel wird ein Erfahrungswert angesetzt, z. B. drei Tagesumsätze oder 10 % des Monatsumsatzes.

Höchstbestand

Der Höchstbestand ist der Bestand, der nicht überschritten werden soll. Er wird erreicht, wenn die bestellte Ware eingetroffen ist. Der Höchstbestand ist abhängig von der Bestellmenge (siehe LF 6) sowie dem im Lager verfügbaren Platz. Der Höchstbestand lässt sich nach folgender Formel berechnen:

Höchstbestand = Mindestbestand + Bestellmenge

Meldebestand

Der Meldebestand ist der Lagerbestand, bei dem für die Ware der Bestellvorgang ausgelöst werden muss (siehe LF 6), damit der Mindestbestand (eiserner Bestand) nicht angegriffen wird.

Da die Ware nur mit zeitlicher Verzögerung wiederbeschafft werden kann, muss bei der Festlegung des Meldebestands die **Wiederbeschaffungszeit** berücksichtigt werden. Die Wiederbeschaffungszeit umfasst nicht nur die Lieferzeit, sondern auch die Zeit, die für die Aufgabe der Bestellung im Betrieb und der Warenannahme anfällt. Durch den Einsatz eines modernen Warenwirtschaftssystems kann allerdings die im Einzelhandelsbetrieb benötigte Zeit für die Bestellung drastisch minimiert werden. Die Bestellung erfolgt automatisiert unmittelbar nach Erreichen des Meldebestandes (Bestellfreigabe muss allerdings durch den Einzelhändler erfolgen). Der Meldebestand kann nach folgender Formel berechnet werden:

Meldebestand = Mindestbestand + (Tagesumsatz · Wiederbeschaffungszeit)

Der Zusammenhang zwischen diesen Bestandsgrößen über einen Zeitraum betrachtet kann grafisch veranschaulicht werden:

Beispiel:

Ein Einzelhändler verkauft täglich 50 Stück einer bestimmten Ware (Tagesumsatz). Als Mindestbestand (eiserne Reserve) wurden 100 Stück festgelegt. Die Wiederbeschaffungszeit (Bestellbearbeitung, Lieferzeit) beträgt 5 Tage. Die Bestellmenge beträgt 500 Stück und am Morgen des ersten Verkaufstages ist eine neue Bestellung dieser Ware eingegangen.

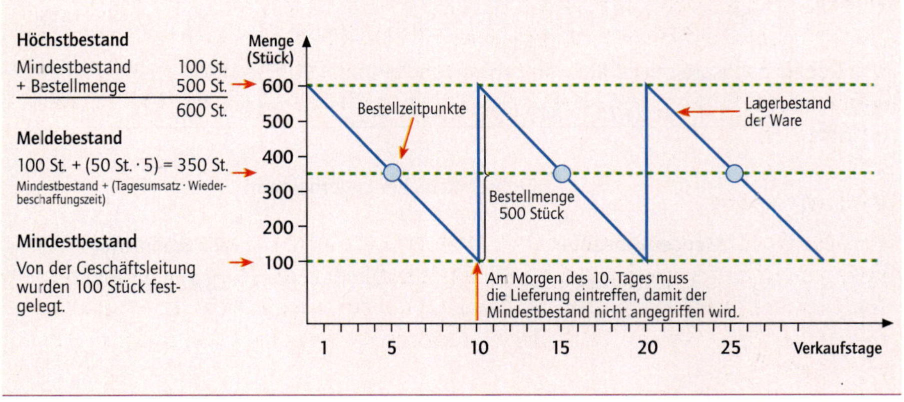

7

3.7.4 Lagerkennzahlen

Ware, die im Lager liegt, ist für den Einzelhändler totes Kapital. Damit die Lagerdauer so kurz wie möglich und damit auch die Kapitalbindung im Lager so gering wie möglich ist, wird mithilfe von **Lagerkennziffern die Wirtschaftlichkeit der Lagerhaltung** überwacht.

Durchschnittlicher Lagerbestand

In einem Einzelhandelsunternehmen werden laufend Waren gekauft und verkauft. Daher ergeben sich im Zeitraum betrachtet ständig unterschiedliche Lagerbestände der Ware im Verkaufs- bzw. Reservelager.

Der durchschnittliche Lagerbestand ist ein Mittelwert, der Auskunft darüber gibt, wie viel sich von einer bestimmten Ware innerhalb eines Zeitraums durchschnittlich im Lager befindet. Die **Genauigkeit** dieser Kennziffer hängt davon ab, wie viele Bestandsdaten für die Berechnung herangezogen werden können:

Wird das Lager nur einmal im Jahr im Rahmen einer Stichtagsinventur überprüft, so stehen nur der **Anfangsbestand** und der **Endbestand** zur Verfügung. Erfolgt die Bestandskontrolle regelmäßiger, z. B. monatlich, so können für die Berechnung der Anfangsbestand sowie die **12 Monatsbestände** herangezogen werden.

durchschnittlicher Lagerbestand (DLB)	
ungenauere Methode	**genauere Methode**
$\text{DLB} = \frac{\text{Anfangsbestand} + \text{Endbestand}}{2}$	$\text{DLB} = \frac{\text{Anfangsbestand} + 12\ \text{Monatsbestände}}{13}$

Der durchschnittliche Lagerbestand kann als reine **Mengenkennziffer** (das Ergebnis ist dann in Stückzahl ausgedrückt) oder als **Wertkennziffer** (das Ergebnis ist dann in Geldwert ausgedrückt) berechnet werden. Beim durchschnittlichen Lagerbestand als Wertkennziffer wird der Warenbestand zu **Einstandspreisen** bewertet.

▶▶ **Beispiel:**

Für eine Ware ergaben sich folgende Bestandszahlen:

Anfangsbestand am 1. Jan. 20..: 340 Stück

12 Monatsbestände (in Stück):

Jan.	Febr.	März	April	Mai	Juni	Juli	Aug.	Sept.	Okt.	Nov.	Dez.
421	360	212	417	325	259	112	430	384	295	254	236

Der Einstandspreis der Ware war konstant und betrug 8,00 € je Stück.

$$\text{DLB} = \frac{340 + 421 + 360 + 212 + 417 + 325 + 259 + 112 + 430 + 384 + 295 + 254 + 236}{13} = \underline{\underline{311{,}15\ \text{St.}}}$$

durchschnittlicher Lagerbestand als ...

Mengenkennziffer → **Wertkennziffer**

311,15 Stück —(311,15 Stück · 8,00 €)→ **2.489,20 €**

Der durchschnittliche Lagerbestand sagt aus, wie viel Stück einer Ware durchschnittlich vorrätig sind (als Mengenkennziffer) bzw. welcher Warenwert zu Einstandspreisen durchschnittlich auf Lager ist (als Wertkennziffer). In dieser Höhe ist ständig Kapital des Unternehmens gebunden. Daher sollte der durchschnittliche Lagerbestand möglichst niedrig gehalten werden!

Umschlagshäufigkeit

Die Umschlagshäufigkeit ist die Geschwindigkeit, mit der ein Lager in einem Jahr umgesetzt wird.

Die Umschlagshäufigkeit hängt ab von der **Branche**, von der **Art der Ware**, von dem **Standort** und von dem **Ruf** (Image) des Geschäftes. Zur Berechnung dieser Kennzahl wird der **durchschnittliche Lagerbestand** benötigt. Je nachdem, ob der durchschnittliche Lagerbestand als Mengen- oder Wertkennziffer vorliegt, verwendet man folgende Formeln:

Umschlagshäufigkeit	
durchschnittlicher Lagerbestand als **Mengenkennzahl**	durchschnittlicher Lagerbestand als **Wertkennzahl** (zu **Einstandspreisen** bewertet)
$\frac{\text{Jahresabsatz (Stück)}}{\text{durchschnittlicher Lagerbestand (Stück)}}$	$\frac{\text{Wareneinsatz (Euro)}}{\text{durchschnittlicher Lagerbestand (Euro)}}$

▸▸ **Beispiel:**

Ein Einzelhandelsunternehmen hat innerhalb eines Jahres 4 050 Stück einer Ware verkauft. Der durchschnittliche Lagerbestand betrug 450 Stück.

Umschlagshäufigkeit $= \frac{\text{4 050 Stück}}{\text{450 Stück}} = 9$

▸▸ **Beispiel:**

Der durchschnittliche Lagerbestand eines Artikels betrug 5.000,00 €. Der Wareneinsatz betrug 40.000,00 €.

Umschlagshäufigkeit $= \frac{40.000{,}00\ €}{5.000{,}00\ €} = 8$

Durch die Umschlagshäufigkeit erfährt man, wie **oft sich der durchschnittliche Lagerbestand im Jahr umgesetzt hat.** Dadurch weiß man, wie lange das Kapital durchschnittlich im Lager gebunden ist. Eine **niedrige Umschlagshäufigkeit** bedeutet eine **hohe Kapitalbindung.**

Lagerdauer

Aus der Umschlagshäufigkeit lässt sich die **durchschnittliche Lagerdauer** (ausgedrückt in Tagen) einer bestimmten Ware mit folgender Formel ermitteln:

$$\textbf{durchschnittliche Lagerdauer} = \frac{\text{360 Tage}}{\text{Umschlagshäufigkeit}}$$

▸▸ **Beispiel:**

Die Umschlagshäufigkeit eines Artikels in den Jahren ..04 und ..05 betrug:

..04		..05
5	← **Umschlagshäufigkeit** →	6
$\frac{\text{360 Tage}}{5}$ = **72 Tage**	← **durchschnittliche Lagerdauer** →	$\frac{\text{360 Tage}}{6}$ = **60 Tage**

Die **Lagerdauer** gibt an, wie viele Tage eine Ware durchschnittlich vom Wareneingang **bis zum Verkauf bevorratet wird.** Durch die Ausgabe von Auswertungen der Artikel mit hoher/niedriger Lagerdauer hat man ein Mittel der **Sortimentsbeurteilung.** Artikel, die nur kurz im Lager sind, die also häufig verkauft werden, heißen **„Schnelldreher"** oder **„Renner",** Artikel, die sich nur langsam umsetzen, werden als **„Schleicher"** oder **„Penner"** bezeichnet. „Renner" werden im Sortiment erweitert, „Penner" werden unter Umständen aus dem Sortiment genommen. Die Lagerdauer sollte möglichst **gering** sein. Durch Verringerung der durchschnittlichen Lagerdauer wird die **Umschlagshäufigkeit erhöht** und die **Kapitalbindung** im Lager **gesenkt.**

Geschäftsprozesse erfassen und kontrollieren

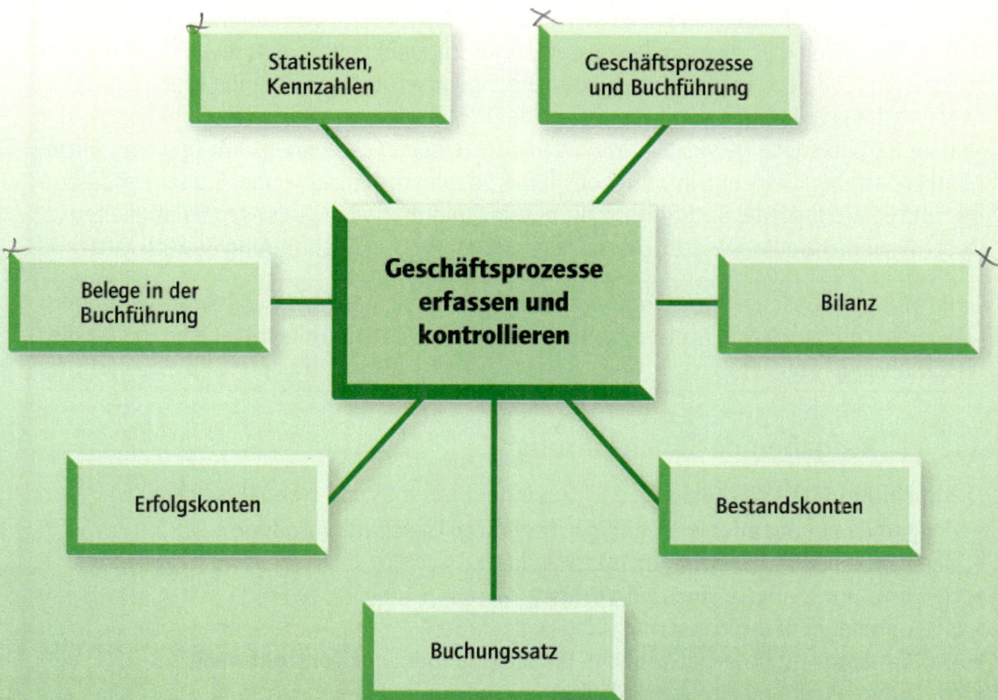

1 Erfassen von Geschäftsprozessen durch die Buchführung

Zwischen dem Einzelhändler und den Kunden sowie dem Lieferanten bestehen zahlreiche Informations-, Geld- und Wertflüsse. Diese werden von der Buchführung erfasst.

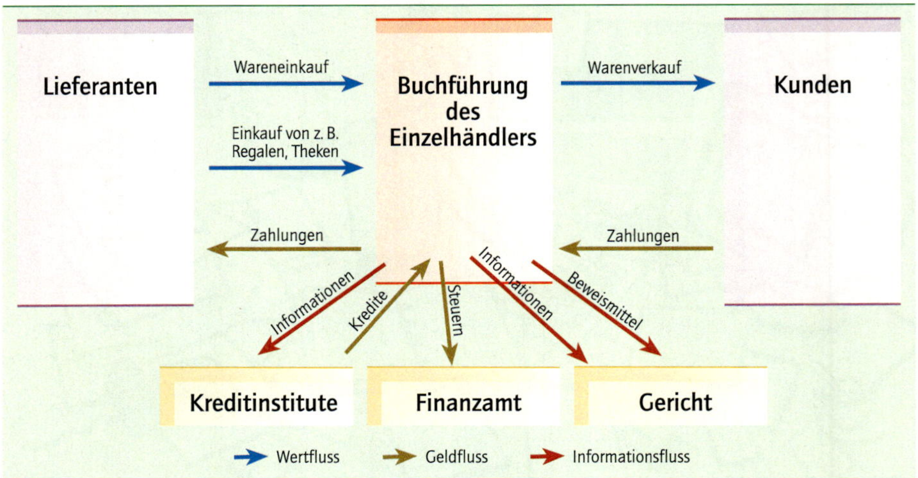

Das Ziel jedes Einzelhändlers ist es, möglichst viele Waren an seine Kunden zu verkaufen. Für diesen Wertfluss gehen beim Einzelhändler Zahlungen der Kunden ein (Geldfluss). Die Waren, die der Einzelhändler verkaufen will, muss er zunächst bei seinen Lieferanten einkaufen und bezahlen. Um ein Geschäft betreiben zu können, braucht der Einzelhändler nicht nur Waren, sondern z. B. auch Regale, Theken usw. Auch diese muss er sich von Lieferanten beschaffen. Will der Einzelhändler eine größere Anschaffung tätigen, z. B. in ein neues Kassensystem investieren, und verfügt nicht über genügend Eigenkapital, kann er einen Kredit bei seiner Geschäftsbank aufnehmen. Voraussetzung dafür ist, dass er der Bank belegen kann, dass in seinem Betrieb solide gewirtschaftet wird. Auch zwischen dem Finanzamt und dem Einzelhändler bestehen Geld- und Informationsflüsse. So zahlt der Einzelhändler Steuern und Abgaben und liefert durch die Buchführung die nötigen Informationen. Falls es zu Streitigkeiten vor Gericht kommen sollte, besitzen die Aufzeichnungen aus der Buchführung Beweiskraft.

Um all diese Geschäftsvorgänge erfassen zu können, reicht das Fassungsvermögen des menschlichen Gedächtnisses nicht aus, man braucht ein Hilfsmittel, und das ist die Buchführung.

1.1 Aufgaben der Buchführung

Die Buchführung ist das Zahlengedächtnis eines Betriebes und dient als solches

- der **Aufzeichnung aller wertmäßig erfassbaren Geschäftsvorgänge,**
- dem Überblick über **Vermögen und Schulden,**
- der Ermittlung von **Gewinn und Verlust,**
- als Grundlage für die **Preisermittlung** (Kalkulation),
- als Grundlage für **innerbetriebliche Entscheidungen** und **Kontrollen** sowie
- als Grundlage für die **Steuerermittlung.**

1.2 Rechtsgrundlagen der Buchführung

Wegen der großen Bedeutung der Buchführung ist diese einer Reihe von Vorschriften unterworfen, die sich aus verschiedenen Rechtsvorschriften ergeben.

Handelsrecht

- Handelsgesetzbuch (HGB)
- Einkommensteuergesetz
- Umsatzsteuergesetz
- Körperschaftsteuergesetz
- Aktiengesetz
- GmbH-Gesetz

Steuerrecht

- Abgabenordnung (AO) (insbes. §§ 141, 146, 147, 158, 162)
- Steuerrichtlinien und Steuerdurchführungsverordnungen

§ 238 HGB „Jeder Kaufmann ist verpflichtet, Bücher zu führen und in diesen seine Handelsgeschäfte und die Lage seines Vermögens **nach Grundsätzen ordnungsgemäßer Buchführung** ersichtlich zu machen."

§ 239 Abs. 3 HGB „Die Eintragungen (...) müssen vollständig, richtig, zeitgerecht und geordnet vorgenommen werden."

Aufbewahrungspflicht für Buchführungsunterlagen

Die Aufbewahrungspflicht von Belegen dient vor allem der steuerlichen Nachprüfbarkeit der Buchhaltung. Das Finanzamt führt in unregelmäßigen Abständen Betriebsprüfungen durch, die nur auf der Grundlage der vollzähligen und geordneten Aufbewahrung der Belege erfolgen kann. Die Belege werden in der Registratur des Betriebes entweder im Original, auf Mikrofilmen oder heute zunehmend auch in elektronisch gespeicherter Form aufbewahrt.

Für die Dauer der Aufbewahrung schreibt das HGB im § 257 folgende Fristen vor:

10 Jahre

- Bilanzen
- Gewinn- und Verlustrechnungen
- Handelsbücher (Konten)
- Inventare und Buchungsbelege

6 Jahre

- erhaltene Handelsbriefe
- Wiedergabe der abgesandten Handelsbriefe (Kopie, Datenträger, Mikrofilm)

Von Handelsbriefen spricht man dann, wenn der durchgeführte Schriftverkehr aus erhaltenen und abgeschickten Briefen ein Handelsgeschäft zur Grundlage hat.

1.3 Grundsätze ordnungsmäßiger Buchführung

Wegen der großen Bedeutung der Buchhaltung der Unternehmen wurden durch den Gesetzgeber Regeln geschaffen, zu deren Einhaltung jeder zur Buchführung verpflichtete Kaufmann gezwungen ist. Dadurch wird erreicht, dass ein sachkundiger Dritter (Steuerberater, Steuerprüfer) in der Lage ist, alle in der Buchhaltung erfassten Vorgänge nachzuvollziehen.

Die Grundsätze ordnungsmäßiger Buchführung (§ 238 HGB, § 145 Abgabenordnung):

- Die Buchführung muss **klar und übersichtlich** erfolgen.
- Sie muss **fortlaufend geordnet und sachlich richtig** sein,
- in **zeitlich richtiger Reihenfolge** geführt werden,
- sich jeweils auf **ein Geschäftsjahr** beziehen und
- für **jede Buchung einen Beleg** aufweisen (**„Keine Buchung ohne Beleg!“)**.
- Die Buchungen müssen **fortlaufend nummeriert** erfolgen.
- Sie dürfen **keine leeren Zwischenräume** enthalten sowie
- keine **Ausbesserungen** und **nachträgliche Veränderungen** aufweisen.
- Eine **geordnete Aufbewahrung der Belege und Bücher** muss garantiert sein.

Durch die zunehmende Verwendung von DV-gestützten Buchführungssystemen (FIBU-Programme) ergeben sich weitere Verpflichtungen. So muss z. B. ein verwendetes Buchhaltungsprogramm ebenfalls zehn Jahre aufbewahrt werden, außerdem muss sichergestellt sein, dass gespeicherte Daten auch bis zum Ende der Aufbewahrungsfrist lesbar bleiben.

1.4 Arten der Buchführung

In der Buchführung unterscheidet man drei verschiedene Systeme, mit denen die Buchführung praktisch verwirklicht werden kann.

- Einnahmen-/Ausgabenrechnung
- doppelte Buchführung (Sonderform: amerikanische Buchführung)
- Speicherbuchführung

Einnahmen-/Ausgabenrechnung (Einfache Buchführung)

Nichtkaufleute (Kleingewerbetreibende, Handwerker und Freiberufler) sind berechtigt nach § 4 Abs. 3 Einkommensteuergesetz ihre Buchführung im System der Einnahmen-/Ausgabenrechnung zu betreiben.

Diese vereinfachte Form gilt nicht für den Einzelhandel in seiner üblichen Form (Ladengeschäfte), wohl aber für kleine Verkaufseinrichtungen wie Kioske, Verkaufsstände und mobile Handelsformen.

Die einfachste Art und Weise, eine Einnahmen-/Ausgabenbuchhaltung durchzuführen, ist die Führung eines Zweispaltenbuches, in dem Einnahmen und Ausgaben festgehalten werden. Der Betriebsgewinn ergibt sich dabei als Unterschiedsbetrag zwischen Betriebseinnahmen und Betriebsausgaben im Abrechnungszeitraum. Belege beweisen die Richtigkeit der Aufzeichnungen und müssen geordnet aufbewahrt werden.

Beispiel:

Der Kiosk am Stadtpark hat folgende Einnahmen-/Ausgabenrechnung aufgestellt:

Kiosk am Stadtpark **Einnahmen-/Ausgabenbuch** Monat: Dez. Jahr: 20..

Datum	Beleg	Betriebsvorgang/Geschäftsvorfall	Einnahmen €	Ausgaben €
20.12.		Übertrag	38.758,60	24.682,90
21.12.	12/37	Tageseinnahmen	836,90	
	12/38	Wareneinkauf C &C		828,00
	12/39	Bäckerei Wild		142,00
	12/40	Metzgerei Grau		207,40
	12/41	Tageseinnahmen	522,60	
22.12.	12/42	Einkauf Getränkegroßmarkt		312,10
	12/43	Verkauf Straßenbahnkarten Nov.	410,00	
	12/44	Bäckerei Wild		96,40
	12/45	Tageseinnahmen	630,10	
23.12.	12/46	Tageseinnahmen	242,70	
28.12.	12/47	Metzgerei Grau		72,70
	12/48	Bäckerei Wild		36,80
	12/49	Gärtnerei Sommer		29,40
	12/50	Reparatur Schreinerei Hobel		112,00
	12/51	Tageseinnahmen	533,70	
31.12.	12/52	Provision Kleinfeuerwerk	126,00	
	12/53	Tageseinnahmen	310,30	
		Betriebseinnahmen	42.370,90	26.519,70
		./. Betriebsausgaben	26.519,70	
		Betriebsgewinn	15.851,20	

8

Doppelte Buchführung

Diese Art der Buchführung hat ihren Namen aus der Tatsache heraus, dass jeder Geschäftsfall eine doppelte Wirkung auslöst: Jeder Sollbuchung steht eine Habenbuchung gegenüber, mit dem Ziel, immer gleich große Summen auf beiden Seiten der Bilanz zu erhalten, womit man eine einfache Kontrolle der Buchungsrichtigkeit erhält. Ausgangspunkt der doppelten Buchführung ist immer die Bilanz, aus der die Konten abgeleitet werden (Konteneröffnung) und in die das verarbeitete Zahlenmaterial am Ende des Abrechnungszeitraumes wieder zurückfließt (Abschluss). Die vorwiegende Tätigkeit des Buchhalters besteht darin, den in einem Beleg vorliegenden Geschäftsvorfall buchhalterisch so aufzuarbeiten (Buchungssatz), dass die Zahlen sachgerecht in die Konten übertragen werden können (Buchung).

Amerikanische Buchführung

Die amerikanische Buchführung ist eine Sonderform der doppelten Buchführung. Neben einer Textspalte sind die wichtigsten Konten in Tabellenform nebeneinander angeordnet (Tabellenjournal). Der Buchungssatz kann in einem Arbeitsgang in die entsprechenden Konten gebucht werden. Diese Form der Buchhaltung ist sehr beliebt, wenn eine einfache Buchhaltung nicht mehr ausreicht, eine umfangreiche Kontengliederung jedoch nicht notwendig erscheint, was bei Kleinbetrieben, Freiberuflern oder auch bei Vereinen häufig der Fall ist.

Speicherbuchführung

Immer mehr Betriebe entscheiden sich heute für Buchführung mithilfe des Computers. Eine Vielzahl von Programmen wird hierzu angeboten. Dabei handelt es sich aber nicht um ein neues Buchhaltungssystem – vielmehr wird das Prinzip der einfachen oder doppelten Buchführung gewahrt. Der Vorteil liegt in der einfachen Handhabung und der einfachen Datenverwaltung. Häufig wird heute die Buchführung von darauf spezialisierten Unternehmen übernommen (z. B. Steuerberater, DATEV).

Aufgaben

1. Führen Sie eine einfache Einnahmen-/Ausgabenrechnung für den Verkaufsstand „Alis Döner" durch. Ermitteln Sie den Betriebsgewinn zum 31. März.

		€
29. März	Übertrag: Einnahmen	45.140,80
	Ausgaben	23.729,20
30. März	Einkauf Großmarkt	130,40
	Pacht für März	260,00
	Tageseinnahmen	316,20
31. März	Einkauf Großmarkt	145,90
	Getränkelieferung	177,00
	Tageseinnahmen	322,60

2. Ermitteln Sie den Betriebsgewinn mithilfe der Einnahmen-/Ausgabenrechnung für den Imbissstand „Heiße Semmel" zum 31. Dezember.

		€
20. Dez.	Übertrag: Einnahmen	40.030,20
	Ausgaben	25.800,00
21. Dez.	Bäckerei Heckel	75,30
	Metzgerei Dittrich	123,20
	Einkauf Deko: großer Plüsch-Nikolaus	10,00
	Aushilfe Fabio bezahlt	300,00
	Tageseinnahmen	480,00
22. Dez.	Einkauf im Großhandel	317,30
	Reparatur Fenster	210,20
	Verkauf des gebrauchten Kaffeeautomaten	300,00
	Zinseinnahmen	100,00
	Tageseinnahmen	720,00
23. Dez.	Kauf eines neuen Kaffeeautomaten	699,90
	Getränkelieferung	280,40
	Zahlung der Miete	250,00
	Vorschuss an Aushilfe Fabio	50,00
	Reinigungs- und Putzmittel	25,00
	Tageseinnahmen	625,30
31. Dez.	Einkauf Großmarkt	105,00
	Einkauf Großhandel	260,00
	Anzahlung bei Feinkost Olive	70,00
	Tageseinnahmen	658,80

2 Inventar (Bestandsverzeichnis)

Das Inventar ist das Ergebnis der Inventur. Bei der Inventur werden die Vermögensteile und Schulden des Unternehmens mengen- und wertmäßig erfasst. Nähere Informationen zur Inventur sind im Lernfeld 7 zu finden. Das Ergebnis der Inventur ist das Inventar. Somit erfasst das Inventar alle Vermögens- und Schuldenteile eines Betriebes. Als Differenz zwischen den Vermögens- und Schuldenteilen ergibt sich das Reinvermögen des Unternehmens. Das Reinvermögen bezeichnet man auch als Eigenkapital.

Die Zähllisten der Inventur werden als Anlage zum Inventar aufbewahrt und im Inventar wird („laut Verzeichnis Nr.") auf diese verwiesen.

Beispiel:

Warenhaus Gaby Kern
Nürnberg, Maxplatz 30
Inventar zum 30. September 20..

	€	€
A. Vermögen		
I. Anlagevermögen		
1. Grundstücke u. Bauten lt. Verz. 1		340.000,00
2. Ladenausstattung lt. Verz. 2		212.000,00
3. Lagerausstattung lt. Verz. 3		178.000,00
4. Kassensysteme lt. Verz. 4		35.000,00
5. Fuhrpark Pkw N-XY 544	12.800,00	
Lkw N-AB 367	24.600,00	37.400,00
II. Umlaufvermögen		
1. Warenbestände		
Textilien lt. Verz. 5	198.400,00	
Schuhe Leder lt. Verz. 6	52.500,00	
Hartwaren lt. Verz. 7	138.300,00	
Papierwaren, Geschenkart. lt. V. 8	32.190,00	
Lebensmittel lt. Verz. 9	97.100,00	518.490,00
2. Forderungen aus Lieferungen und Leistungen lt. Verz. 10		16.370,00
3. Kreditinstitute		
Sparkasse Nürnberg	42.300,00	
Postbank Nürnberg	8.240,00	50.540,00
4. Kassenbestand		9.320,00
Summe des Vermögens		**1.397.120,00**
B. Schulden		
1. Langfristige Bankverbindlichkeiten Handelsbank		308.000,00
2. Verbindlichkeiten aus Lieferungen und Leistungen lt. Verz. 11		256.960,00
Summe der Schulden		**564.960,00**
C. Reinvermögen		
Summe des Vermögens		1.397.120,00
– Summe der Schulden		564.960,00
= Reinvermögen (Eigenkapital)		**832.160,00**

Name des Unternehmens
Inventurstichtag

Aufstellung der **Vermögenswerte** (nach Liquidität):
- Anlagevermögen (langfristig im Unternehmen gebunden)
- Umlaufvermögen (kurzfristig im Unternehmen gebunden)

Im Betrieb vorhandene **Fremdmittel:** (nach Laufzeit)
- langfristige Bankverbindlichkeiten
- kurzfristige Verbindlichkeiten gegenüber Lieferanten

Ermittlung des **Eigenkapitals:**

A) Vermögen
– B) Schulden
= C) Eigenkapital (Reinvermögen)

Aufgaben

1. Bei der Inventur der „Boutique am Maxplatz" zum 31. Dezember ergaben sich folgende Bestände. Erstellen Sie ein Inventar.

	€
– Grundstücke und Bauten	43.400,00
– Ladenausstattung	65.400,00
– Lagerausstattung	32.680,00
– Kassensysteme	29.500,00
– Personenwagen	16.390,00
– Lieferwagen	22.180,00
– Kostüme	19.300,00
– Hosen und Röcke	17.250,00
– Kleider	17.740,00
– Accessoires	6.370,00
– Forderungen lt. Verz.	11.290,00
– Guthaben Sparkasse	31.200,00
– Guthaben Postbank	7.944,00
– Kassenbestand	14.300,00
– Verbindlichkeiten lt. Verz.	17.600,00
– Langfr. Bankverb. ABC-Bank	33.100,00

2. Der Supermarkt „Weirich" hat bei der Inventur zum Jahresende folgende Werte ermittelt. Erstellen Sie das Inventar.

	€
– Grundstücke u. Bauten	140.000,00
– Ladenausstattung lt. Verz.	80.000,00
– Kassensysteme	15.000,00
– Fuhrpark lt. Verz.	50.000,00
– Frischabteilung	3.800,00
– Getränke	5.300,00
– Konserven	2.700,00
– Obst/Gemüse	1.600,00
– Nonfood	7.000,00
– Guthaben Schmidt-Bank	12.000,00
– Kassenbestand	6.400,00
– Langfrist. Bankverb., BB Bank	160.000.00
– Guthaben Postbank	8.700,00
– Verbindlichk., Südfleisch AG	12.000,00
– Guthaben Dresdner Bank	22.000,00
– Verbindlichk., Lebensmittelring	8.100,00

3. Erstellen Sie aus den folgenden ungeordneten Inventurergebnissen von „Tanjas Geschenkeecke" ein formgerechtes Inventar:

	€
– Verbindlichk., Porzellan AG	1.900,00
– Verbindlichk., Buchvertrieb Bauer	1.320,00
– Guthaben Sparbank	14.100,00
– Bücher, Zeitschr., Schreibw. lt. Verz.	2.860,00
– Glas- und Keramikwaren	4.230,00
– Forderung H. Gerstner	320,00
– Geschäftsauto	7.200,00
– Textilwaren lt. Verzeichnis	3.200,00
– Ladenausstattung	18.900,00
– Verbindlichk., Tex-GmbH, Offenbach	490,00
– Kassenbestand	2.940,00
– Nahrungs- u. Genussmittel lt. Verz.	1.450,00
– Guthaben Postbank	3.200,00
– Forderung G. Müller	240,00
– Langfristige Bankverbindlichkeiten, Hypothekenbank	12.400,00
– Verschiedene Waren	620,00
– Spielwaren	2.160,00

4. Das Fotogeschäft Ruff macht zum 31. Oktober Inventur und ermittelt die folgenden Inventurbestände. Erstellen Sie daraus das Inventar:

	€
– Büroausstattung	3.800,00
– Guthaben Postbank	12.800,00
– Kameras lt. Verzeichnis	42.900,00
– Kassenbestand	6.870,00
– Guthaben Kreissparkasse	23.680,00
– Ausstattung Fotolabor	42.700,00
– Firmen-Pkw	9.200,00
– Ausstattung Fotostudio	16.200,00
– Forderungen lt. Verzeichnis	8.760,00
– Filme und Videokassetten	6.700,00
– Video- und Digitalfotografie	23.500,00
– Fotozubehör	9.800,00
– Verbindlichkeiten lt. Verzeichnis	42.580,00
– Ladenausstattung	26.700,00
– Langfristige Bankverbindlichkeiten, Kreissparkasse	38.600,00
– Kreditbank AG	42.300,00

5. Das Lederwarengeschäft Müller & Sohn macht zum 31. Dezember Inventur und ermittelt die folgenden Inventurbestände. Erstellen Sie daraus das Inventar.

	€
– Büro- und Geschäftsausstattung	33.800,00
– Guthaben Postbank	6.760,00
– Damenhandtaschen	21.300,00
– Kassenbestand	4.890,00
– Guthaben Sparkasse	13.480,00
– Gürtel und Accessoires	9.700,00
– Firmen-Pkw	12.200,00
– Verbindlichkeiten lt. Verzeichnis	39.520,00
– Forderungen lt. Verzeichnis	6.680,00
– Business- und Herrentaschen	9.300,00
– Koffer und Reisetaschen	18.700,00
– Langfr. Bankverb., Sparkasse	28.600,00

6. Das Inventar für die Spieleboutique „Der Würfel" soll aus den folgenden Inventurwerten erstellt werden:

	€
– Büroausstattung	29.800,00
– Guthaben Postbank	5.460,00
– Holzspielsachen	8.300,00
– Kassenbestand	2.710,00
– Guthaben Sparkasse	11.580,00
– Elektronische Spiele	9.740,00
– Firmen-Pkw	17.730,00
– Verbindlichkeiten lt. Verzeichnis	19.320,00
– Forderungen lt. Verzeichnis	12.460,00
– Babyspielsachen und Kleinartikel	2.700,00
– Spiele und Puzzles	8.100,00
– Langfr. Bankverb. Hypobank	21.600,00
– Puppen und Puppenartikel	10.980,00
– Bausätze, Mal- und Bastelartikel	5.730,00
– Modellbauautos und -eisenbahnen	13.370,00
– Firmen-Lkw	12.600,00
– Lieferwagen	21.700,00
– Laden- und Lagerausstattung	32.540,00

8

3 Bilanz

3.1 Aufbau und Gliederung der Bilanz

Ein in tabellarischer Form erstellter Überblick über den Betrieb, wie wir ihn beim Inventar kennen gelernt haben, ist nicht für die laufenden Buchführungsarbeiten geeignet. Deshalb ist der Kaufmann verpflichtet, zu Beginn und am Ende eines Geschäftsjahres eine Bilanz zu erstellen. Formuliert man das Inventarbeispiel aus dem letzten Kapitel um, so erhält man folgende Bilanz:

Warenhaus Gaby Kern, Nürnberg

Aktiva — **Bilanz zum 30. September 20 . .** — **Passiva**

Aktiva		Passiva	
I. Anlagevermögen		**I. Eigenkapital**	832.160,00
1. Grundstücke und Bauten	340.000,00	**II. Fremdkapital**	
2. Betr. u. Gesch. aus.	425.000,00	1. Lfr. Bankverbindlichk.	308.000,00
3. Fuhrpark	37.400,00	2. Verbindlichk. LL	256.960,00
II. Umlaufvermögen			
1. Waren (Bestand)	518.490,00		
2. Forderungen LL	16.370,00		
3. Guthaben bei Kreditinst.	50.540,00		
4. Kasse	9.320,00		
	1.397.120,00		1.397.120,00

Nürnberg, 30. September 20 . . Gaby Kern

Das Wort Bilanz kommt von dem italienischen Wort „bilancia" und bedeutet „Waage", d. h., sie muss ausgeglichen sein. Beide Seiten müssen also die gleiche Euro-Summe ausweisen.

Die linke Bilanzseite nennen wir **Aktivseite.** Sie erfasst alle Vermögenswerte. Wir erhalten sie auf die Frage:

Was ist im Betrieb vorhanden? =
Vermögen (= Mittelverwendung)

Die rechte Bilanzseite heißt **Passivseite.** Sie gibt Auskunft über das Kapital. Dieses erhalten wir auf die Frage:

Wem gehört das Vermögen? =
Kapital (= Mittelherkunft)

Aktiva	**Bilanz** Passiva
Vermögen	Kapital
Anlagevermögen / Umlaufvermögen	Eigenkapital / Fremdkapital

Wie beim Inventar untergliedert sich das Vermögen in Anlage- und Umlaufvermögen, das Kapital in Eigen- und Fremdkapital.

Aktiva	Bilanz	Passiva
I. Anlagevermögen 1. Grundstücke und Bauten 2. Ladenausstattung 3. Lagerausstattung 4. Kassensysteme 5. Büromaschinen 6. Fuhrpark **II. Umlaufvermögen** 1. Waren (Bestände) 2. Forderungen aus Lieferungen und Leistungen 3. Kreditinstitute 4. Kasse		**I. Eigenkapital** **II. Fremdkapital** 1. Langfristige Bankverbindlichkeiten 2. Verbindlichkeiten aus Lieferungen und Leistungen 3. Umsatzsteuer 4. sonstige Verbindlichkeiten
Summe	=	**Summe**

Inventar und Bilanz zeigen somit den Wert von Vermögen und Kapital zum gleichen Zeitpunkt. Der Unterschied zwischen beiden ergibt sich aus folgender Tabelle:

Inventar	Bilanz
▶ ausführlich: Darstellung von Menge, Art, Teilwert und Gesamtwert	▶ kurz gefasst: Art und Gesamtwert
▶ Tabellenform (untereinander)	▶ Kontenform (nebeneinander)

8

Aufgaben

1. Inventar „Bauernladen Wilhelm Wagner zum 31. Dezember 20 . ., Erlangen"

a) Ermitteln Sie das Reinvermögen; b) Erstellen Sie die Bilanz.

Inventar		
A) Vermögen	€	€
1. Betriebs- und Geschäftsausstattung lt. Anl. 1		2.860,00
2. Fuhrpark		
Personenwagen	12.300,00	
Lieferwagen	16.540,00	28.840,00
3. Waren lt. Anlage 2–14		31.780,00
4. Forderungen lt. Anl. 15–17		8.430,00
5. Guthaben bei Kreditinstituten		
Sparkasse Erlangen	6.420,00	
Postbank Nürnberg	3.460,00	9.880,00
6. Kassenbestand		4.570,00
Summe des Vermögens		
B) Schulden		
1. Langfristige Bankverbindlichkeit		30.000,00
2. Verbindlichkeiten LL lt. Anlage 18–19		28.760,00
Summe der Schulden		

2. Formen Sie das unten angegebene Inventar in eine Bilanz um.

Inventar der Boutique GULP, Frankfurt, zum 31. Dezember 20 . .

A) Vermögen	€	€
I. Anlagevermögen		
1. Fuhrpark		11.500,00
2. Ladenausstattung lt. bes. Verzeichnis		15.000,00
3. Kassensysteme		4.700,00
II. Umlaufvermögen		
1. Waren lt. bes. Verz.		
Kleider	14.000,00	
Damenhosen	8.700,00	
Jacken	11.300,00	
Blusen	3.500,00	
Röcke	4.100,00	41.600,00
2. Forderungen lt. bes. Verz.		
Sabine Zingraf	1.800,00	
Christa Winter	700,00	
Hanne Wirth	2.600,00	5.100,00
3. Guthaben bei Kreditinstituten		17.300,00
4. Kassenbestand		4.600,00
Summe des Vermögens		99.800,00
B) Schulden		
I. Langfristige Schulden		
Langfr. Bankverb. Stadtsparkasse Frankfurt		36.000,00
II. Kurzfristige Schulden		
1. Verbindlichkeiten lt. bes. Verzeichnis		
Mode-Center Fürth	22.300,00	
Mode Klein, 8750 Aschaffenburg	10.800,00	33.100,00
2. Umsatzsteuerschuld		5.200,00
Summe der Schulden		74.300,00
C) Ermittlung des Reinvermögens		
Summe des Vermögens		99.800,00
Summe der Schulden		74.300,00
Reinvermögen		25.500,00

3. Erstellen Sie aus folgenden Angaben eine Bilanz und ermitteln Sie das Eigenkapital:
Kasse 2.480,00 €; Langfristige Bankverbindlichkeit 12.000,00 €; Waren 22.460,00 €; Verbindlichkeiten LL 29.500,00 €; Guthaben bei Kreditinstituten 22.800,00 €; Forderungen LL 4.620,00 €; Fuhrpark 9.800 €; Büro- und Geschäftsausstattung 14.200,00 €.

4. Erstellen Sie aus nachfolgenden Beträgen eine Bilanz.
Fuhrpark 42.700,00 €; BGA 51.600,00 €; Verbindlichkeiten LL 52.700,00 €; Kassenbestand 16.500,00 €; Geschäftshaus 156.000,00 €; Forderungen LL 22.100,00 €; Langfristige Bankverbindlichkeiten 87.600,00 €; Guthaben bei Kreditinstituten 56.200,00 €; Waren 117.500,00 €.

5. Stellen Sie aus den folgenden Angaben eine Bilanz auf und ermitteln Sie das Eigenkapital:
Bauten 754.000,00 €; Grundstücke 273.000,00 €; Ladenausstattung 87.000,00 €; Lagerausstattung 34.000,00 €; Fuhrpark 28.000,00 €; Waren 483.000,00 €; Kreditinstitute 45.000,00 €; Forderungen LL 31.000,00 €; Kasse 8.000,00 €; Hypotheken 622.00,00 €; langfristige Bankverbindlichkeiten 189.000,00 €; Verbindlichkeiten LL 128.000,00 €.

6. Stellen Sie eine Bilanz des Möbelmarktes Seidel auf.

Hypothekenschulden 379.000,00 €; Waren 290.000,00 €; Ladenausstattung 84.200,00 €; langfristige Verbindlichkeiten 236.000,00 €; Bauten 650.000,00 €; Kasse 14.000,00 €; Fuhrpark 81.000,00 €; Umsatzsteuer 17.800,00 €; Kreditinstititute 101.000,00 €; Verbindlichkeiten LL 145.000,00 €; Forderungen LL 38.000,00 €; Grundstücke 180.000,00 €; Eigenkapital?

7. Bilanzdaten

	zum Beginn des Geschäftsjahres	am Ende des Geschäftsjahres
	€	€
Betriebs- und Geschäftsausstattung	40.000,00	36.000,00
Warenbestand	64.000,00	62.000,00
Forderungen LL	5.600,00	7.200,00
Guthaben bei Kreditinstituten	14.800,00	15.900,00
Kassenbestand	8.100,00	7.900,00
Langfristige Bankverbindlichkeiten	36.600,00	32.500,00
Verbindlichkeiten LL	21.200,00	20.100,00

Stellen Sie die Bilanzen auf und vergleichen Sie die Eigenkapitalentwicklung im Laufe des Geschäftsjahres.

8.

Bilanz zum 1. Januar 20..

A		P	
BGA	20.000,00	Eigenkapital	
Waren	42.000,00	Lfr. BV	32.100,00
Ford. LL	7.600,00	Verb. LL	21.400,00
Kreditinst.	10.800,00		
Kasse	4.900,00		

Bilanz zum 31. Dezember 20..

A		P	
BGA	18.000,00	Eigenkapital	
Waren	35.000,00	lfr. BV	25.100,00
Ford. LL	8.200,00	Verb. LL	24.400,00
Kreditinst.	9.800,00		
Kasse	2.900,00		

a) Vervollständigen Sie die Bilanzen zum Beginn und Ende des Geschäftsjahres in Ihrem Arbeitsheft.

b) Vergleichen Sie die Bilanzen, insbesondere in Hinsicht auf die Eigenkapitalentwicklung.

8

3.2 Wertveränderungen in der Bilanz

Die Bilanz wird am Anfang des Geschäftsjahres als Eröffnungsbilanz und am Ende des Geschäftsjahres als Schlussbilanz erstellt. Im Laufe eines Jahres treten jedoch durch den Geschäftsbetrieb viele Ereignisse, sog. **Geschäftsfälle,** ein, die den Wert der einzelnen Bilanzposten verändern. Dies geschieht im Einzelhandel z. B. durch Ein- und Verkauf von Waren, aber auch durch Zahlungen für das Personal, für Werbung ebenso wie durch Zahlungseingänge von Kunden. Anhand von vier Beispielen wollen wir die vier Grundarten der Wertveränderungen in der Bilanz kennen lernen. Zum leichteren Verständnis verwenden wir die Hilfskonstruktion der Bilanzwaage.

Folgende Belege hat die Buchhaltung bekommen (aus Gründen der besseren Verständlichkeit wird vorerst die Umsatzsteuer vernachlässigt):

▶▶ Beispiel:

Beleg 1

Quittung Nr.

Netto € ct
--- % USt € ct
Gesamt € 3.000 ct 00
Gesamtbetrag € in Worten
dreitausend-----------------
(Im Gesamtbetrag sind --- % Umsatzsteuer enthalten)
von Hotel Pegnitz
für 1 Satz Bodenvasen Meißen
richtig erhalten zu haben, bestätigt
Ort Nürnberg Datum 20..-10-30
Buchungsvermerke
Stempel/Unterschrift des Empfängers
Gaby Kern

Beleg 2

Meißener Porzellanmanufaktur

Warenhaus
Gaby Kern
Maxplatz 30
90403 Nürnberg

Ihr Zeichen, Ihre Nachricht vom | Unser Zeichen | Telefon, Name | Datum 20..-11-01

Rechnung Nr. 11/2346

Anzahl	Artikel	Einzelpreis (€)	Gesamt (€)
10	Bodenvasen	800,00	8.000,00

Die Ware bleibt bis zur vollständigen Bezahlung unser Eigentum.
Erfüllungsort und Gerichtsstand Meißen

Beleg 3

Durchschrift für Kontoinhaber 760 501 01
Stadtsparkasse Nürnberg
Begünstigter: Porzellanmanufaktur Meißen
Konto-Nr. des Begünstigten: 17 602
Bankleitzahl: 100 250 20
bei (Kreditinstitut): Volksbank Meißen
EUR Betrag: Euro, Cent: 2.000,00-----
Kunden-Referenznummer – noch Verwendungszweck, ggf. Name und Anschrift des Auftraggebers – (nur für Begün…
Rechnung v. 20..-08-11
Rechnungs-Nr. 81 857
Kontoinhaber: Warenhaus Gaby Kern
Konto-Nr. des Kontoinhabers: 37 800
15. Aug. 20.. Gaby …
Datum, Unterschrift

Beleg 4

SPARKASSE NÜRNBERG

Warenhaus
Gaby Kern
Maxplatz 30
90403 Nürnberg

Nürnberg, 20..-11-12

Ihr Schreiben vom 20..-11-06

Sehr geehrte Frau Kern,

der von Ihnen beantragte Kredit in Höhe von 5.000,00 € wurde gewährt. Laufzeit 3 Jahre. Wir haben diesen Betrag auf das von Ihnen angegebene Konto der Textil AG, Aschaffenburg, überwiesen.

Mit freundlichen Grüßen

Müller
Sparkasse Nürnberg
i. A. Müller

Daraus ergeben sich folgende Geschäftsfälle und damit Veränderungen in der Bilanz:

① **Warenverkauf bar 3.000,00 €**	
Waren	·/.
Kasse	+
Aktivtausch	

③ **Banküberweisung an einen Lieferer 2.000,00 €**	
Kreditinstitute	·/.
Verbindlichkeiten LL	·/.
Aktiv-Passiv-Minderung	

② **Wareneinkauf auf Ziel 8.000,00 €**	
Waren	+
Verbindlichkeiten LL	+
Aktiv-Passiv-Mehrung	

Zahlung einer Verbindlichkeit durch Bankkredit 5.000,00 €	
Langfr. Bankverbindlichkeiten	+
Verbindlichkeiten LL	·/.
Passivtausch	

A **Bilanz** P

	Ladenausst.	Waren	Kreditinstitute	Kasse	Eigenkapital	Lfr. Bankverb.	Verbindlichk.	
	25.000,00	80.000,00	17.000,00	3.000,00	77.000,00	28.000,00	20.000,00	
①		– 3.000,00		+ 3.000,00				
②		+ 8.000,00						
							+ 8.000,00	
			– 2.000,00				– 2.000,00	③
						+ 5.000,00	– 5.000,00	④
	25.000,00	85.000,00	15.000,00	6.000,00	77.000,00	33.000,00	21.000,00	

131.000,00 | **131.000,00**

Aus diesem Beispiel können wir entnehmen, dass

- **jeder Geschäftsfall mindestens zwei Posten der Bilanz verändert,**
- **sich dadurch das Bilanzbild wandelt,**
- **die Bilanzsumme am Ende auf beiden Seiten wieder gleich ist,**
- **man vier Arten der Wertveränderung der Bilanz unterscheidet, je nachdem, welche Bilanzseite betroffen ist, nämlich**
  - **Aktivtausch,**
  - **Aktiv-Passiv-Mehrung,**
  - **Passivtausch,**
  - **Aktiv-Passiv-Minderung.**

4 Bestandskonten

4.1 Auflösung der Bilanz in Konten

Trägt man alle Geschäftsfälle, die in einem Geschäftsjahr vorkommen, in die Bilanzwaage ein, ergibt sich in der Buchführung zu viel unnötige Schreibarbeit. Außerdem leidet die Übersichtlichkeit darunter. Deshalb führt man für jeden Bilanzposten eine eigene Rechnung. Der Buchhalter sagt, er löst die Bilanz in Konten auf.

Alle Konten, die von der Aktivseite der Bilanz kommen, nennen wir **aktive Bestandskonten (= Aktivkonten)**, die von der Passivseite der Bilanz stammen **passive Bestandskonten (= Passivkonten).** Die linke Kontoseite wird mit „Soll", die rechte mit „Haben" bezeichnet.

Das **Bestandskonto** hat die Aufgabe, die in der Inventur ermittelten Vermögens- bzw. Schuldenbestände aufzunehmen und alle Veränderungen dieses Bestandes zu erfassen und fortzuschreiben. Ein Bestandskonto gibt somit immer Auskunft über den Bestand an Vermögenswerten (Bargeld, Bankguthaben, Warenvorräte, Fahrzeuge, Geschäftsausstattung) oder Schulden (Verbindlichkeiten, langfristige Bankschulden).

Bilanz

Aktiva		Passiva	
Ladenausstattung	25.000,00	Eigenkapital	77.000,00
Waren	80.000,00	Lfr. Bankverbindlichkeiten	28.000,00
Kreditinstitute	17.000,00	Verbindlichkeiten LL	20.000,00
Kasse	3.000,00		
	125.000,00		125.000,00

S	**Ladenausstattung**	H	S	**Eigenkapital**	H
AB	25.000,00			AB	77.000,00

S	**Waren**	H	S	**Lfr. Bankverbindlichk.**	H
AB	80.000,00			AB	28.000,00

S	**Kreditinstitute**	H	S	**Verbindlichkeiten LL**	H
AB	17.000,00			AB	20.000,00

S	**Kasse**	H
AB	3.000,00	

4.2 Buchen in Bestandskonten

Nun stellt sich die Frage, auf welcher Seite die Beträge der einzelnen Bilanzposten in die eröffneten Konten eingetragen werden sollen.

Man hat festgelegt, dass bei allen **Konten,** die von der **linken Bilanzseite (= Aktivseite)** kommen, der jeweilige Betrag als Anfangsbestand auf der linken Kontoseite (= Sollseite) eingetragen wird. Auf der gleichen Seite trägt man die Mehrungen ein. Die Habenseite zeigt die Minderungen und den Schlussbestand.

Bei allen **Konten der rechten Bilanzseite (= Passivseite)** erscheint der Anfangsbestand auf der rechten Kontoseite (= Habenseite), ebenso die Mehrungen. Die Minderungen und der Schlussbestand stehen hier auf der Sollseite.

S (+)	**Aktivkonto**	(˙/.) H
Anfangsbestand		Minderungen ˙/.
Mehrungen +		Schlussbestand

S (˙/.)	**Passivkonto**	(+) H
Minderungen ˙/.		Anfangsbestand
Schlussbestand		Mehrungen +

Unter Anwendung dieser Regeln stellen sich die gezeigten Veränderungen in der Bilanzwaage folgendermaßen dar:

Aktiva	**Bilanz**		Passiva
Ladenausstattung	25.000,00	Eigenkapital	77.000,00
Waren	80.000,00	Lfr. Bankverbindlichkeiten	28.000,00
Kreditinstitute	17.000,00	Verbindlichkeiten LL	20.000,00
Kasse	3.000,00		
	125.000,00		125.000,00

S	**Ladenausstattung**		H
AB	25.000,00		

S	**Eigenkapital**		H
		AB	77.000,00

S	**Waren**		H
AB	80.000,00	1. Ka	3.000,00
2. VLL	8.000,00		

S	**Lfr. Bankverbindlichk.**		H
		AB	28.000,00
		4. VLL	5.000,00

S	**Kreditinstitute**		H
AB	17.000,00	3. VLL	2.000,00

S	**Verbindlichkeiten**		H
3. KI	2.000,00	AB	20.000,00
4. Lfr BV	5.000,00	2. Wa	8.000,00

S	**Kasse**		H
AB	3.000,00		
1. Wa	3.000,00		

4.3 Abschluss der Bestandskonten

Um die Schlussbilanz im vorausgehenden Beispiel erstellen zu können, müssen wir noch wissen, wie ein Konto abgeschlossen wird.

▶▶ **Beispiel:**

Am Anfang des Geschäftsjahres befanden sich in der Kasse 3.000,00 €, Einnahme 500,00 €, Ausgabe 1.000,00 €, Ausgabe 1.500,00 €, Einnahme 1.200,00 €, Einnahme 300,00 €.
Wie hoch ist der Schlussbestand?

S **Kasse** H

S		H	
AB	3.000,00	Ausgabe	1.000,00
Einnahme	500,00	Ausgabe	1.500,00
Einnahme	1.200,00	SB	2.500,00 ③
Einnahme	300,00	④	
	5.000,00 ①		5.000,00 ⑤ ②

① **Größere Seite addieren**

② **Summe auf die kleinere Seite übertragen**

③ **Differenz bilden (= Schlussbestand)**

④ **Leerräume (durch „Buchhalternase") entwerten**

⑤ **Unterstreichen**

Diesen Vorgang bezeichnet der Buchhalter als „saldieren".

▶▶ **Beispiel:**

Führen wir diesen Kontoabschluss bei allen Konten unseres Beispiels durch, so können wir aus allen Schlussbeständen die Schlussbilanz erstellen. Man erhält sie durch Übernahme der Schlussbestände aller Konten.
Es ergibt sich folgendes Bild:

Aktiva **Eröffnungsbilanz** Passiva

Aktiva		Passiva	
Ladenausstattung	25.000,00	Eigenkapital	77.000,00
Waren	80.000,00	Lfr. Bankverbindlichkeiten	28.000,00
Kreditinstitute	17.000,00	Verbindlichkeiten LL	20.000,00
Kasse	3.000,00		
	125.000,00		125.000,00

S	Ladenausstattung		H
AB	25.000,00	SB	25.000,00

S	Eigenkapital		H
SB	77.000,00	AB	77.000,00

S	Waren		H
AB	80.000,00	1. Ka	3.000,00
2. VLL	8.000,00	SB	85.000,00
	88.000,00		88.000,00

S	Lfr. Bankverbindlichkeiten		H
SB	33.000,00	AB	28.000,00
		4. VLL	5.000,00
	33.000,00		33.000,00

S	Kreditinstitute		H
AB	17.000,00	3. VLL	2.000,00
		SB	15.000,00
	17.000,00		17.000,00

S	Verbindlichkeiten LL		H
3. KI	2.000,00	AB	20.000,00
4. Lfr. BV	5.000,00	2. Wa	8.000,00
SB	21.000,00		
	28.000,00		28.000,00

S	Kasse		H
AB	3.000,00	SB	6.000,00
1. Wa	3.000,00		
	6.000,00		6.000,00

Aktiva	Schlussbilanz		Passiva
Ladenausstattung	25.000,00	Eigenkapital	77.000,00
Waren	85.000,00	Lfr. Bankverbindlichkeiten	33.000,00
Kreditinstitute	15.000,00	Verbindlichkeiten LL	21.000,00
Kasse	6.000,00		
	131.000,00		131.000,00

① **Der Schlussbestand wird in die Schlussbilanz übertragen.**

S	Kasse		H
AB	3.000,00	SB	6.000,00 →
1. Wa	3.000,00		
	6.000,00		6.000,00

A	Schlussbilanz		P
Ka	6.000,00		

② **Beim Eintragen in die Konten nummerieren wir die Geschäftsfälle durch und geben das Konto an, auf dem die Gegenbuchung steht.**

8

Übersicht

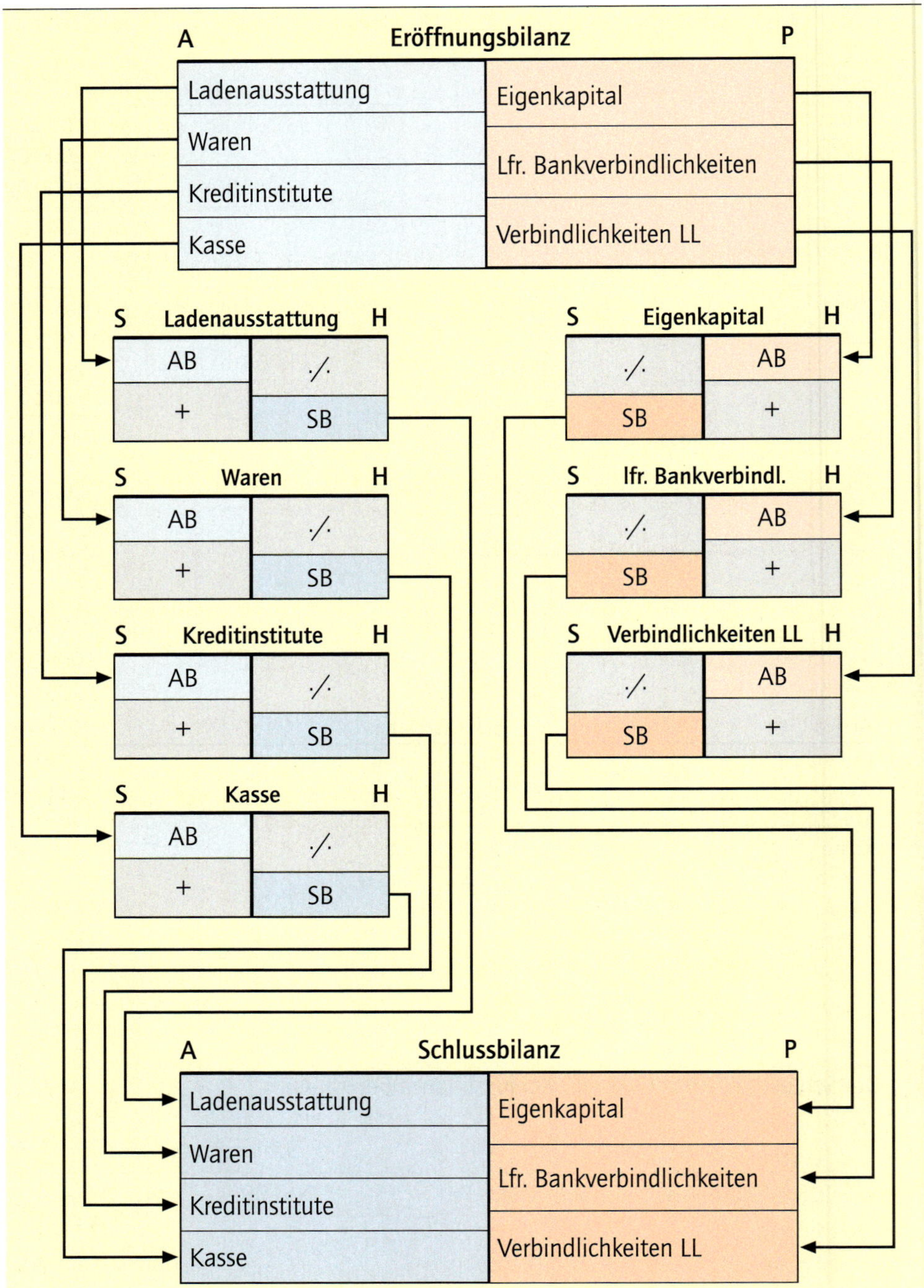
A
Eröffnungsbilanz
P
Ladenausstattung
Waren
Kreditinstitute
Kasse
Eigenkapital
Lfr. Bankverbindlichkeiten
Verbindlichkeiten LL
S Ladenausstattung H
AB
+
./.
SB
S Waren H
AB
+
./.
SB
S Kreditinstitute H
AB
+
./.
SB
S Kasse H
AB
+
./.
SB
S Eigenkapital H
./.
SB
AB
+
S lfr. Bankverbindl. H
./.
SB
AB
+
S Verbindlichkeiten LL H
./.
SB
AB
+
A
Schlussbilanz
P
Ladenausstattung
Waren
Kreditinstitute
Kasse
Eigenkapital
Lfr. Bankverbindlichkeiten
Verbindlichkeiten LL

Aufgaben

Arbeitsanweisung für die folgenden Übungen:

a) Eröffnungsbilanz erstellen und Eigenkapital ermitteln
b) Konten eröffnen
c) Geschäftsfälle buchen
d) Konten abschließen und Schlussbilanz aufstellen

1. I. Anfangsbestände: BGA 54.000,00 €; Waren 64.000,00 €; Forderungen LL 8.300,00 €; Kreditinstitute 22.400,00 €; Kasse 12.300,00 €; Verbindlichkeiten LL 37.500,00 €

II. Geschäftsfälle:	€
1. Einkauf von Waren gegen Scheck	2.440,00
2. Einzahlung auf Bankkonto	6.000,00
3. Banküberweisung an einen Lieferanten	8.200,00
4. Ein Kunde überweist auf unser Bankkonto	480,00

2. I. Anfangsbestände: Ladenausstattung 24.000,00 €; Fuhrpark 12.000,00 €; Waren 64.000,00 €; Forderungen LL 8.300,00 €; Kreditinstitute 22.400,00 €; Kasse 12.300,00 €; Verbindlichkeiten LL 37.500,00 €

II. Geschäftsfälle:	
1. Kauf eines Lieferwagens gegen Banküberweisung	12.000,00
2. Abhebung vom Bankkonto	3.000,00
3. Gebrauchter Pkw wird gegen Barzahlung verkauft	3.200,00
4. Verkauf von Ware auf Ziel	440,00
5. Eine Kundin zahlt eine Rechnung bar	210,00

3. I. Anfangsbestände: BGA 32.000,00 €; Waren 45.300,00 €; Forderungen LL 6.200,00 €; Kreditinstitute 12.900,00 €; Kasse 8.200,00 €; Verbindlichkeiten LL 17.500,00 €

II. Geschäftsfälle:	
1. Einkauf von Waren auf Ziel	2.800,00
2. Abhebung vom Bankkonto	3.000,00
3. Tageslosung	8.200,00
4. Verkauf von Ware gegen Banküberweisung	610,00
5. Einkauf von Ware gegen Barzahlung	240,00

4. I. Anfangsbestände: Ladenausstattung 20.000,00 €; Fuhrpark 10.000,00 €; Waren 30.000,00 €; Kreditinstitute 8.000,00 €; Kasse 1.000,00 €; Verbindlichkeiten LL 5.000,00 €

II. Geschäftsfälle:	
1. Barkauf eines Ladenregals	800,00
2. Wareneinkauf bar	2.000,00
3. Warenverkauf bar	4.000,00
4. Banküberweisung für neue Ladenkasse	3.000,00
5. Bareinzahlung auf Bankkonto	2.000,00
6. Banküberweisung an Lieferer	3.000,00

5. **I. Anfangsbestände:** Büromaschinen 200,00 €; Ladenausstattung 12.800,00 €; Waren 25.300,00 €; Kreditinstitute 16.400,00 €; Forderungen LL 1.600,00 €; Kasse 1.400,00 €; Verbindlichkeiten LL 4.100,00 €

II. Geschäftsfälle:

	€
1. Banküberweisung an Lieferer	2.600,00
2. Barverkauf eines gebrauchten PC	200,00
3. Kauf eines neuen PC gegen Banküberweisung	1.900,00
4. Warenverkauf bar	5.200,00
5. Wareneinkauf auf Ziel	3.400,00
6. Ein Kunde überweist auf unser Bankkonto	1.200,00

6. **I. Anfangsbestände:** Ladenausstattung 7.500,00 €; Kassensysteme 3.000,00 €; Waren 12.000,00 €; Fuhrpark 8.000,00 €; Forderungen LL 2.100,00 €; Kreditinstitute 6.700,00 €; Kasse 1.800,00 €; Verbindlichkeiten LL 3.500,00 €

II. Geschäftsfälle:

1. Wareneinkauf gegen Banküberweisung	4.200,00
2. Bankgutschrift für Darlehen[1]	8.000,00
3. Warenverkauf auf Ziel	500,00
4. Barverkauf eines gebrauchten Pkw	3.000,00
5. Warenverkauf bar	8.900,00

7. **I. Anfangsbestände:** Lfr. Bankverbindlichkeiten 357.000,00 €; Kasse 5.600,00 €; Grundstücke und Bauten 650.000,00 €; Waren 314.700,00 €; Ladenausstattung 84.030,00 €; Kreditinstitute 57.800,00 €; Verbindlichkeiten LL 76.000,00 €; Kassensysteme 24.000,00 €; Forderungen LL 18.300,00 €; Büromaschinen 100.700,00 €; Fuhrpark 116.000,00 €

II. Geschäftsfälle:

1. Wareneinkauf auf Ziel	5.800,00
2. Barkauf eines Telefaxgerätes	300,00
3. Tilgung des Hypothekendarlehens durch Banküberweisung	10.000,00
4. Barverkauf von Waren	34.650,00
5. Wir kaufen eine Computerkasse durch Banküberweisung	1.500,00
6. Warenverkauf gegen Banküberweisung	12.000,00
7. Barkauf eines Kundendienstfahrzeuges	15.000,00
8. Warenverkauf auf Ziel	8.340,00
9. Banküberweisung für den Verkauf eines gebrauchten Regalsystems	5.530,00
10. Darlehensrückzahlung durch Banküberweisung	6.000,00
11. Kauf von Schaufensterpuppen gegen Banküberweisung	3.200,00
12. Bareinzahlung auf Bankkonto	5.000,00

1 Bankkonto wird neu eröffnet.

5 Buchungssatz

Da der Buchhalter möglichst einfach, eindeutig und schnell arbeiten möchte, erstellt er zu jedem Geschäftsfall einen Buchungssatz. Der Buchungssatz besteht aus mindestens zwei Konten und es steht mindestens eine Sollbuchung einer Habenbuchung gegenüber. Man formuliert ihn nach einem genau festgelegten Schema:

① Welche Konten werden benötigt?
② Um welche Kontengruppen handelt es sich?
③ Liegt eine Mehrung oder Minderung vor?
④ Auf welcher Kontoseite ist deshalb zu buchen?
⑤ Zuerst Konto mit Sollbuchung, dann das Wort „an", dann Konto mit Habenbuchung nennen: SOLL an HABEN!

Diesen Buchungssatz trägt der Buchhalter in den Kontierungsstempel auf dem jeweiligen Buchungsbeleg (z. B. einer Rechnung) ein.

5.1 Einfacher Buchungssatz

Werden von einem Geschäftsfall nur zwei Konten berührt, so ergibt sich daraus ein einfacher Buchungssatz.

Beispiel:

Ebermann Schreibgeräte
Industriestraße 80
90441 Nürnberg

USt.-Nr. 007 875 000225

Warenhaus
Gaby Kern
Maxplatz 30
90403 Nürnberg

20..-01-15

Rechnung Nr. 78

100 Druckbleistifte „Florett" 2.000,00 €

Betrag dankend erhalten
Nürnberg, 15. Januar 20..
Hans Ebermann

Geschäftsfall	Wir kaufen Waren	bar	2.000,00 €
① Konto?	Waren	Kasse	
② Kontengruppe	Aktivkonto	Aktivkonto	
③ + / −	+	−	
④ Kontenseite	Soll	Haben	
⑤ Buchungssatz	**Waren an Kasse**		**2.000,00 €**

5.2 Zusammengesetzter Buchungssatz

Bei manchen Geschäftsfällen werden mehr als zwei Konten berührt. Man spricht dann von einem zusammengesetzten Buchungssatz.

▶▶ **Beispiel:**

Steingut-Wagner • 90531 Nürnberg

Warenhaus
Gaby Kern
Maxplatz 30
90403 Nürnberg

Nürnberg, 15. Jan. 20..

Rechnung Nr. 002 648

über 20 Erinnerungs-Bierkrüge „Nürnberg“

Gesamtbetrag 800,00 €

Anzahlung 300,00 € dankend erhalten
Nürnberg, 15. Jan. .. R. Wagner

Geschäftsfall	Wir kaufen Waren	bar 300,00 €	Rest auf Ziel 500,00 €
① Konto?	Waren	Kasse	Verbindlichkeiten LL
② Kontengruppe	Aktivkonto	Aktivkonto	Passivkonto
③ +/−	+	−	+
④ Kontenseite	Soll	Haben	Haben
⑤ **Buchungssatz**	**Waren** 800,00 €	**an**	**Kasse** 300,00 € **und** **Verbindlichkeiten LL** 500,00 €

- **Beim zusammengesetzten Buchungssatz werden die auf einer Seite des Wortes „an“ stehenden Konten durch das Wort „und“ verbunden.**
- **Summe der Beträge der Sollseite = Summe der Beträge der Habenseite.**

In der Bildung des Buchungssatzes (= „Vorkontierung“) liegt die eigentliche buchhalterische Leistung. Alle folgenden Arbeitsgänge (eigentliche Buchung) können mehr oder weniger schematisch abgewickelt werden. Deshalb werden in der betrieblichen Praxis häufig beide Arbeitsgänge getrennt voneinander durchgeführt. Vor allem der zweite Teil wird heute meistens elektronisch durch die Datenverarbeitungsanlage vorgenommen (Finanzbuchhaltungsprogramm).

Aufgaben

1. Formulieren Sie die Buchungssätze zu den Aufgaben von Kapitel 4.

2. Bilden Sie zu den folgenden Geschäftsfällen die entsprechenden Buchungssätze:

		€
1.	Einkauf von Waren gegen Banküberweisung	7.800,00
2.	Verkauf von Waren gegen Barzahlung	180,00
3.	Kauf einer Ladentheke gegen Banküberweisung	1.650,00
4.	Abbuchung einer Lieferantenrechnung vom Bankkonto	3.300,00
5.	Teilrückzahlung des Bankdarlehens durch Banküberweisung	10.000,00
6.	Barabhebung vom Bankkonto	2.000,00
7.	Wir eröffnen ein Bankkonto durch Bareinzahlung von	4.000,00
8.	Tageslosung	23.540,00
9.	Banküberweisung an Lieferanten	1.280,00
10.	Wareneinkauf auf Ziel	830,00
11.	Warenverkauf auf Ziel	320,00
12.	Verkauf eines gebrauchten Regals gegen Barzahlung	680,00
13.	Kauf eines neuen Druckers gegen Banküberweisung	350,00
14.	Überweisung vom Bankkonto an einen Lieferanten	7.200,00
15.	Eingangsrechnung Nr. 32	6.820,00
16.	Unser Lieferant bucht die Rechnung Nr. 32 vom Bankkonto ab	6.820,00
17.	Ausgangsrechnung Nr. 122	1.330,00
18.	Ein Kunde überweist auf unser Bankkonto für Rechnung Nr. 122	1.330,00
19.	Verkauf eines gebrauchten Pkw gegen Bankscheck	5.500,00

3. Bilden Sie zu den folgenden Geschäftsfällen die entsprechenden Buchungssätze:

1.	Einkauf von Waren gegen Barzahlung	1.000,00
	und auf Ziel	2.500,00
2.	Kunde kauft Ware durch Banküberweisung	200,00
	den Rest des Kaufbetrages in bar	82,00
3.	Eine Warenlieferung bezahlen wir:	
	durch Anzahlung mit Verrechnungsscheck	500,00
	Rest soll nach Ablauf des Zahlungszieles bezahlt werden	2.000,00
4.	Wir verkaufen einen gebrauchten Pkw gegen Barzahlung	2.000,00
	und gegen Banküberweisung	1.500,00
5.	Kauf einer Ladentheke gegen bare Anzahlung von	200,00
	Rest wird durch Banküberweisung beglichen	1.000,00
6.	Kunde zahlt Rechnung durch Übersendung	
	eines Verrechnungsschecks der Sparkasse über	500,00
7.	Wir zahlen eine langfristige Bankverbindlichkeit zurück	
	durch Banküberweisung	5.000,00
	und Barzahlung des Restbetrages von	128,00
8.	Kauf eines neuen Computersystems durch Banküberweisung	3.000,00
	Restkaufpreis wird innerhalb von 6 Monaten bezahlt	2.000,00
9.	Verkauf von Waren auf Ziel	1.000,00
	und gegen Barzahlung	500,00
10.	Kauf eines Lieferwagens gegen Verrechungsscheck	15.000,00
	und gegen Barzahlung	1.000,00

4. Wie lauten die Buchungssätze?

	€
1. Warenverkauf auf Ziel	400,00
2. Tageslosung	25.000,00
3. Der offene Zahlungsbetrag eines Kunden wird auf dem Bankkonto gutgeschrieben	420,00
4. Gutschrift eines langfristigen Bankdarlehens bei der Sparkasse	10.000,00
5. Kauf eines Ladenregals gegen Banküberweisung	1.400,00
6. Wareneinkauf auf Ziel	5.600,00
7. Kauf eines Pkw bar	2.000,00
Rest auf Ziel	25.000,00
8. Warenverkauf bar	350,00
9. Ein Kunde zahlt bar	120,00
10. Banküberweisung an den Lieferer	4.000,00
11. Barkauf eines Handys	190,00
12. Wareneinkauf bar	400,00
Rest auf Ziel	1.200,00
13. Bareinzahlung auf Bankkonto	6.000,00
14. Barverkauf eines gebrauchten Schreibtisches	400,00
Rest gegen Banküberweisung	200,00
15. Barkauf von Waren	560,00
16. Eingangsrechnung für Waren	3.400,00
17. Barabhebung vom Bankkonto	800,00
18. Ausgangsrechnung für Waren	200,00
19. Kauf einer Computerkasse gegen Banküberweisung	1.500,00
20. Kauf eines Hubwagens für das Lager gegen Banküberweisung	1.500,00
21. Ein Kunde zahlt mit EC-Karte	600,00
22. Verkauf eines gebrauchten Lieferwagens bar	2.000,00
Rest auf Ziel	5.000,00
23. Kauf eines Aktenschrankes gegen Banküberweisung	4.300,00
24. Eine Lieferschuld wird in eine langfristige Bankverbindlichkeit umgewandelt	4.000,00

5. Bilden Sie zu den folgenden Buchungssätzen die entsprechenden Geschäftsfälle und erklären Sie den Zusammenhang zwischen den beiden Buchungssätzen einer Ziffer.

1a) Forderungen LL an Waren	420,00
1b) Kreditinstitute an Forderungen LL	420,00
2a) Waren an Verbindlichkeiten LL	850,00
2b) Verbindlichkeiten LL an Kreditinstitute	850,00
3a) Fuhrpark an Verbindlichkeiten LL	6.000,00
3b) Verbindlichkeiten LL an Kreditinstitute	6.000,00
4a) Ladenausstattung an Verbindlichkeiten LL	2.000,00
4b) Verbindlichkeiten LL an Kreditinstitute	2.000,00
5a) Forderungen LL an Büromaschinen	500,00
5b) Kasse an Forderungen LL	500,00

6 Erfolgskonten

Bisher beschränkten wir uns auf die Verbuchung von Beständen bzw. Bestandsveränderungen. Dies ist jedoch nicht der Grund, weshalb ein Geschäftsinhaber unternehmerisches Risiko auf sich nimmt. Vielmehr möchte er Erfolg haben. Den Erfolg, ob er nun positiv oder negativ ist, erhält man aus der Gegenüberstellung von Aufwand und Ertrag in Form von Gewinn oder Verlust. Letztere bewirken eine Veränderung des Eigenkapitals.

6.1 Aufwandskonten

Zahlt ein Betrieb z. B. Gehälter und Löhne an seine Mitarbeiter, so sind dies Aufwendungen. Dies trifft auch zu, wenn wir die Miete für unsere Geschäftsräume überweisen.

Aufwendungen sind alle Güter und Leistungen, die im Betrieb ge- oder verbraucht werden. Sie mindern das Kapital. Für jede Aufwandsart, die im Betrieb vorkommt, wird ein eigenes Konto geführt (= Aufwandskonto).

Wichtige Aufwandskonten sind:

- Aufwendungen für Waren (Warenkosten, Bezugskosten, Nachlässe)
- Aufwendungen für Material (z. B. Verpackungs- oder Reinigungsmaterial)
- Aufwendungen für bezogene Leistungen (z. B. Abfallentsorgung, Reinigung)
- Aufwendungen für Rechte und Dienste (z. B. Mieten, Leasinggebühren)
- Aufwendungen für Kommunikation (z. B. Büromaterial, Fachliteratur, Werbung)
- Aufwendungen für Zinsen
- Betriebliche Steuern
- Gehälter

Die Aufwendungen in einem Betrieb schlagen sich in der Kalkulation (siehe LF 9) als Handlungskosten nieder.

8

6.2 Ertragskonten

Schreibt uns ein Lieferer Provision gut oder überweist uns ein Mieter die Monatsmiete, so spricht man von Ertrag.

Erträge sind alle Güter und Leistungen, die der Betrieb Dritten zum Ge- oder Verbrauch zur Verfügung stellt und dafür Zahlungen erhält. Sie mehren das Kapital. Für jede Ertragsart, die im Betrieb vorkommt, wird ein eigenes Konto geführt (= Ertragskonto).

Wichtige Ertragskonten sind:

- Umsatzerlöse für Waren
- Erlöse aus Vermietung und Verpachtung
- Unentgeltliche Entnahme
- Zinserträge
- Sonstige Erlöse (z. B. Provisionserträge)

6.3 Buchen in Erfolgskonten

Aufwandskonten	Ertragskonten
▶ Sie haben keinen Anfangsbestand. ▶ Die Mehrungen werden auf die Sollseite gebucht. ▶ Die seltenen Minderungen stehen auf der Habenseite. ▶ Anstelle des Endbestandes ermittelt man beim Kontoabschluss den Saldo.	▶ Sie haben keinen Anfangsbestand. ▶ Die Mehrungen werden auf die Habenseite gebucht. ▶ Die seltenen Minderungen stehen auf der Sollseite. ▶ Anstelle des Endbestandes ermittelt man beim Kontoabschluss den Saldo.

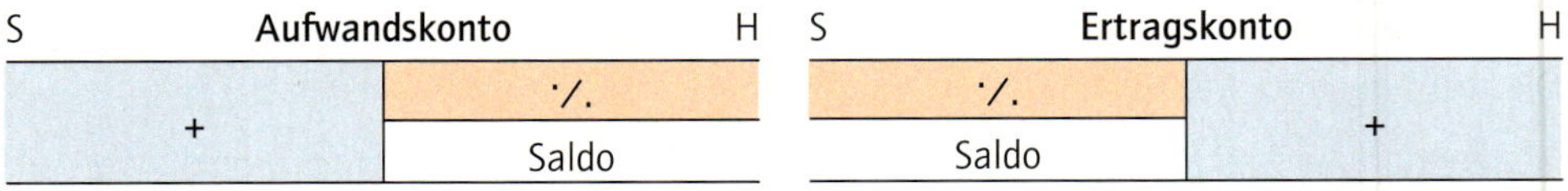

Aufwendungen kommen ins SOLL, Erträge ins HABEN.

6.4 Gewinn- und Verlustkonto

Wie oben dargestellt, mehren oder mindern die Erfolgskonten das Eigenkapital. Sie werden jedoch nicht direkt auf dieses abgeschlossen, vielmehr sammelt man ihre Salden auf dem Konto

Gewinn und Verlust (GuV).

Die Salden der Aufwandskonten werden von deren Habenseite auf die Sollseite des Kontos GuV umgebucht. Die Salden der Ertragskonten bucht man von deren Sollseiten auf die Habenseite des Kontos GuV um. Damit stehen sich im Konto GuV Aufwendungen (Sollseite) und Erträge (Habenseite) gegenüber.

Beim Abschluss des Kontos GuV erhält man auf der Sollseite den **Reingewinn**, wenn die Erträge höher sind als die Aufwendungen. Übersteigen die Aufwendungen wertmäßig die Erträge, so erhält man den **Reinverlust** auf der Habenseite von GuV.

Das Konto GuV wird wie ein Unterkonto des Kontos Eigenkapital behandelt, d. h., es wird auf dieses abgeschlossen. Wurde ein Reingewinn erwirtschaftet, so erscheint dieser als Eigenkapitalmehrung auf der Habenseite des Kontos Eigenkapital. Den Reinverlust bucht man als Eigenkapitalminderung auf die Sollseite des Kontos Eigenkapital um.

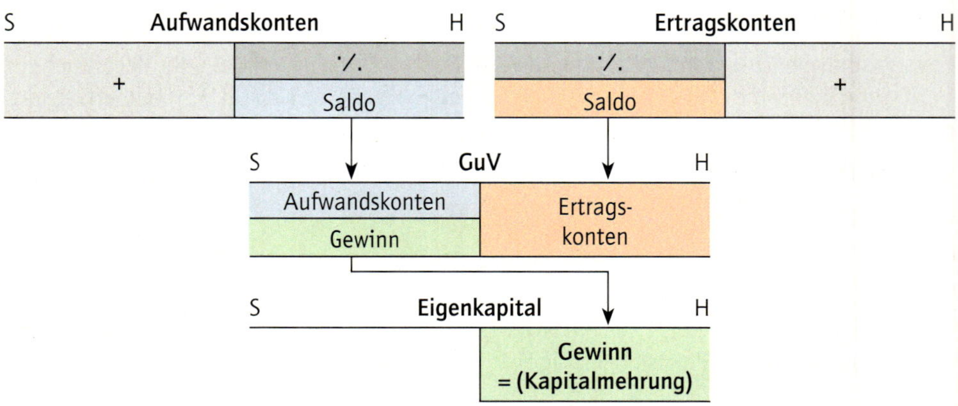

① **Aufwands- und Ertragskonten schließt man auf das Konto „Gewinn und Verlust" ab.**
② **Das Konto GuV wird auf Eigenkapital abgeschlossen.**
③ **Erträge > Aufwendungen = Gewinn**
④ **Erträge < Aufwendungen = Verlust**

▶▶ **Beispiel:** Buchungen

Durchschrift für Kontoinhaber **760 501 01**

Stadtsparkasse Nürnberg 7518769

Begünstigter: Angelika Sommer
Konto-Nr. des Begünstigten: 2 725 117
Bankleitzahl: 760 101 11
bei (Kreditinstitut): Bank für Gemeinwirtschaft
EUR — Betrag: Euro, Cent: 700,00-----------------
Kunden-Referenznummer – noch Verwendungszweck, ggf. Name und Anschrift des Auftraggebers – (nur für Begünstigten): Gehalt Februar 20..
Kontoinhaber: Warenhaus Gaby Kern
Konto-Nr. des Kontoinhabers: 37 800

26. Febr. 20.. *Gaby Kern*
Datum, Unterschrift

Buchungs-tag	Wert	PN-Nr.	Konto-Nr.	Datum	Ausz.-Nr.	Blatt	KONTOAUSZUG	Umsatz
			0124600855	..-02-15	130	1	Kontostand vom 20..-02-15	****8.100,00
02-15	02-16	0114					GUTSCHRIFT HAUSINGER ANTIK VERKAUFSPROVISION	800,00 +
							NEUER KONTOSTAND	****8.900,00 H

WARENHAUS
GABY KERN KG
MAXPLATZ 30
90403 NÜRNBERG

Anschrift
Postbank 9999
90426 Nürnberg

Geschäftsfall	Buchungssatz	Soll	Haben
① Wir überweisen an eine Mitarbeiterin Gehalt 700,00 €	Gehälter	700,00	
	an Kreditistitute		700,00
② Ein Lieferer überweist uns Provision 800,00 €	Kreditistitute	800,00	
	an sonstige Erlöse		800,00
③ Abschluss des Kontos Sonstige Erlöse 800,00 €	Sonstige Erlöse	800,00	
	an GuV		800,00
④ Abschluss des Kontos Gehälter 700,00 €	GuV	700,00	
	an Gehälter		700,00
⑤ Abschluss des Kontos GuV 100,00 €	GuV	100,00	
	an Eigenkapital		100,00

8

S	**Sonstige Erlöse**		H
③ GuV	800,00	② KI	800,00

S	**Gehälter**		H
① KI	700,00	④ GuV	700,00

S	**Kreditinstitute**		H
② sonst Erl.	800,00	① Geh.	700,00

S	**GuV**		H
④ Gehälter	700,00	③ sonst Erl.	800,00
⑤ Gewinn	100,00		
	800,00		800,00

S	**Eigenkapital**		H
		⑤ GuV	100,00

Übersicht

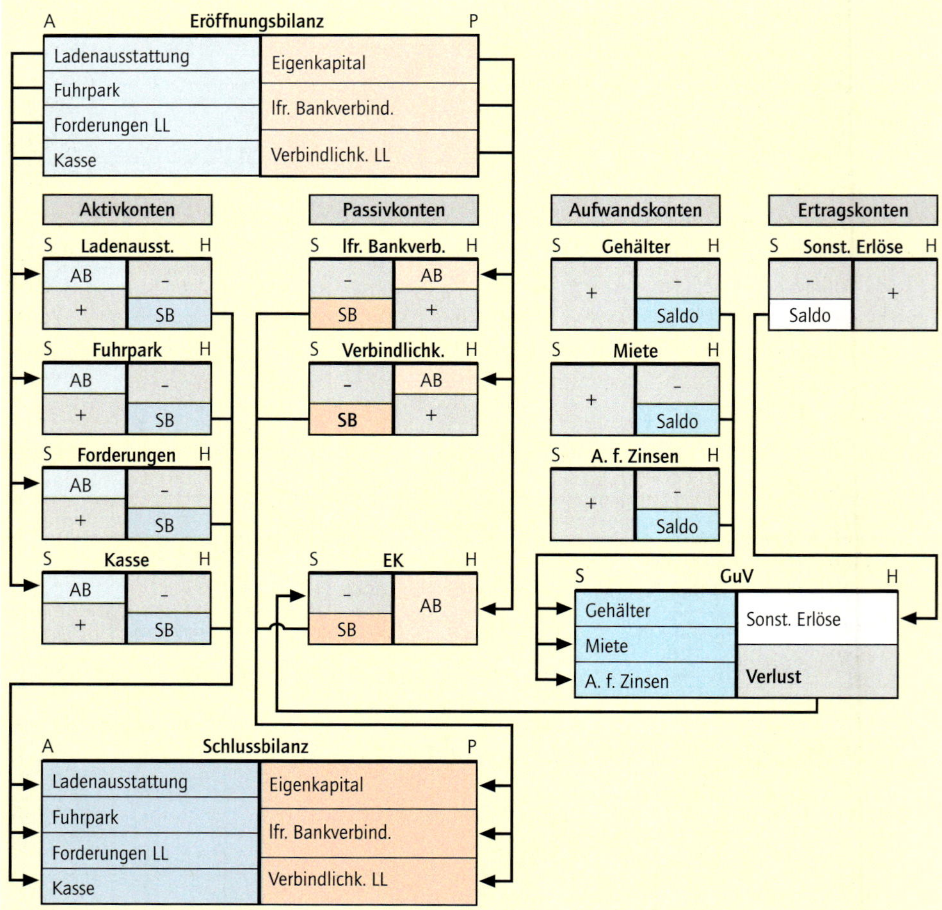

Aufgaben

1. Formulieren Sie die Buchungssätze.

		€
1.	Wir kaufen Verpackungsmaterial auf Ziel	5.200,00
2.	Eine Mietüberweisung geht auf unser Bankkonto ein	1.420,00
3.	Die Stromrechnung wird von unserem Bankkonto abgebucht	790,00
4.	Barkauf von Lochrand-Etiketten	45,00
5.	Überweisung der Kfz-Steuer vom Bankkonto	350,00
6.	Die Bank schreibt uns Zinsen gut	130,00
7.	Banküberweisung für Gehälter	25.700,00
8.	Wir zahlen die Garagenmiete bar	200,00
9.	Banküberweisung für Darlehenszinsen	460,00
10.	Wir kaufen Briefmarken bar	250,00
11.	Reinigungsmaterial bar bezahlt	60,00
12.	Barzahlung bei der städtischen Abfallentsorgung	800,00
13.	Abbuchung vom Bankkonto für Abo einer Fachzeitschrift	65,00
14.	Überweisung der Leasinggebühren für Kopierer vom Bankkonto	600,00
15.	Bewirtung von Geschäftsgästen bar	510,00
16.	Schaufensterreinigung bar bezahlt	360,00
17.	Wir überweisen die Grundsteuer vom Bankkonto	280,00
18.	Banküberweisung für Zeitungsanzeige	2.700,00
19.	Reparaturrechnung für Computerbildschirm bar bezahlt	90,00
20.	Ein Lieferer schreibt uns Provision gut	870,00

2. Formulieren Sie die Buchungssätze.

		€
1.	Die Bank schreibt uns Zinsen gut	120,00
2.	Wir kaufen Tragetaschen gegen Banküberweisung	800,00
3.	Banküberweisung für Heizölrechnung	3.300,00
4.	Eingangsrechnung für Reparatur des Druckers	70,00
5.	IHK-Beitrag durch Banküberweisung beglichen	150,00
6.	Wir kaufen Papierbeutel für Staubsauger bar	40,00
7.	An Mitarbeiter für Messebesuch bar ausgezahlt	500,00
8.	Banküberweisung für Grundsteuer	460,00
9.	Barauszahlung des Lohnes einer Ferienarbeiterin	930,00
10.	Die GZS (Gesellschaft für Zahlungssysteme) bucht die Gebühr für die Eurocard vom Bankkonto ab	20,00

3. Welche Geschäftsfälle liegen folgenden Buchungssätzen zugrunde?

		€
1.	Betriebliche Steuern an Kreditinstitute	500,00
2.	Aufwendungen für Material an Kasse	240,00
3.	Aufwendungen für Leistungen an Kasse	1.570,00
4.	Gehälter an Kreditinstitute	1.900,00
5.	Kreditinstitute an Zinserträge	80,00
6.	Aufwendungen für Rechte und Dienste an Kreditinstitute	3.800,00
7.	Aufwendungen für Zinsen an Kreditinstitute	120,00
8.	Aufwendungen für Kommunikation an Kasse	860,00
9.	Kreditinstitute an Erlöse aus Vermietung und Verpachtung	1.890,00
10.	Kreditinstitute an sonstige Erlöse	480,00

Arbeitsanweisung für die folgenden Übungen:

a) Eröffnungsbilanz erstellen und Konten eröffnen
b) Buchungssätze bilden und buchen
c) Konten abschließen und Schlussbilanz aufstellen

4. **I. Anfangsbestände:** BGA 22.000,00 €; Waren 46.000,00 €; Forderungen LL 8.000,00 €; Kreditinstitute 12.400,00 €; Kasse 2.300,00 €; Verbindlichkeiten LL 16.500,00 €

II. Geschäftsfälle:	€
1. Bareinkauf von Büromaterial	480,00
2. Abhebung vom Bankkonto	6.000,00
3. Die Bank belastet unser Konto mit Zinsen	1.100,00
4. Eine Provision geht auf unserem Bankkonto ein	2.400,00

5. **I. Anfangsbestände:** Ladenausstattung 32.000,00 €; Waren 33.600,00 €; Forderungen LL 7.200,00 €; Kreditinstitute 11.900,00 €; Kasse 4.200,00 €; Verbindlichkeiten LL 19.800,00 €

II. Geschäftsfälle:	€
1. Mieteingang für verpachtetes Lager bar	2.800,00
2. Rechnung des Reinigungsdienstes vom Bankkonto abgebucht.	1.380,00
3. Abbuchung der Stromrechnung vom Bankkonto.	640,00
4. Verkauf eines gebrauchten Regals bar.	610,00
5. Kunde überweist auf Bankkonto	240,00

6. **I. Anfangsbestände:** Ladenausstattung 13.000,00 €; Verbindlichkeiten LL 5.800,00 €; Grundstücke und Bauten 178.000,00 €; Waren 25.000,00 €; Kasse 3.600,00 €; Kreditinstitute 9.300,00 €

II. Geschäftsfälle:	€
1. Banküberweisung an Lieferer	2.000,00
2. Bankgutschrift für Miete	3.500,00
3. Kauf von Computerkassen gegen Banküberweisung	4.000,00
4. Barkauf von Verpackungsmaterial	800,00
5. Wir zahlen Briefmarken bar	150,00
6. Zeitungsanzeige bar bezahlt	1.200,00

7. **I. Anfangsbestände:** BGA 25.000,00 €; Waren 41.600,00 €; Forderungen LL 3.600,00 €; Kreditinstitute18.700,00 €; Kasse 19.400,00 €; Verbindlichkeiten LL 37.200,00 €

II. Geschäftsfälle:	€
1. Unsere Bank schreibt uns Zinsen gut	2.800,00
2. Telefonrechnung wird vom Bankkonto abgebucht	420,00
3. Verpackungsmaterial durch Banküberweisung bezahlt	600,00
4. Abhebung vom Bankkonto	3.000,00
5. Gehaltszahlung bar	1.650,00
6. Abbuchung Abonnementspreis einer Fachzeitschrift	90,00

7 Belege in der Buchführung

Schriftliche Unterlagen (Belege) sind die Grundlage aller buchhalterischen Betätigung und beweisen deren Richtigkeit gegenüber dem Finanzamt, Kunden, Lieferern usw. Es gilt deshalb der Grundsatz:

Keine Buchung ohne Beleg (= Belegzwang)

Jeder Beleg muss Auskunft geben über Art und Grund, Zeitpunkt und Wert der buchhalterischen Veränderung. Man unterscheidet folgende Belegarten:

Unterscheidung nach der Ausfertigung	**1. Fremdbelege**	entstehen durch den Geschäftsverkehr, z. B. Eingangsrechnungen, erhaltene Quittungen, Gutschriften und Belastungen der Lieferer usw.
	2. Eigenbelege	im eigenen Betrieb erstellte Belege, z. B. Durchschläge von Ausgangsrechnungen, Lastschriften, Gutschriften, selbst ausgestellte Quittungen usw.
Unterscheidung nach dem Inhalt	**3. Kassenbelege (K)**	Quittungen, Barkäufe und -verkäufe
	4. Bankbelege (B)	Kontoauszüge mit Last- und Gutschriftsanzeigen
	5. Eingangsrechnungen (ER)	für Waren, Anlagen und andere Einkäufe
	6. Ausgangsrechnungen (AR)	für Waren, Anlagen und andere Verkäufe
	7. sonstige Belege (SO)	z. B. Privatentnahmen, Gut- und Lastschriften von Lieferern und an Kunden

Die gesetzliche Vorschrift zur Aufbewahrung von Belegen und deren Verfügbarkeit bei Prüfungen des Betriebes durch das Finanzamt erfordert eine sorgfältige und geordnete Ablage der Belege (z. B. in einer Registratur).

Die Belege sind in zeitlicher Reihenfolge zu ordnen und durchzunummerieren. Danach werden sie nach den sachlichen Gesichtspunkten geordnet (z. B. abgebildeter Kassenbeleg, Bankbeleg, ER, AR, SO) und mit einem Kontierungsstempel versehen. In diesen wird der Buchungssatz eingetragen (= Kontierung).

Beispiel:

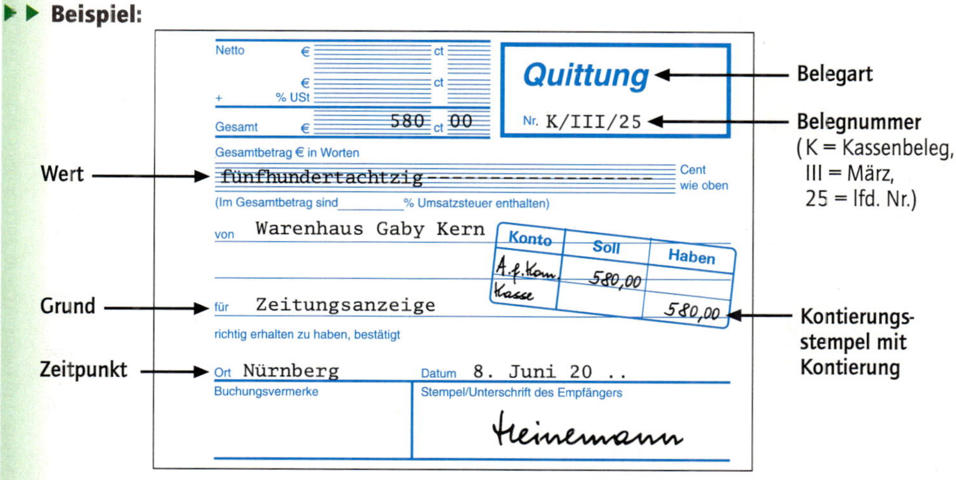

Aufgabe

Buchen nach Belegen

Sie sind Mitarbeiter des Warenhauses Gaby Kern KG und sollen die abgebildeten Belege bearbeiten. (Aus Gründen der besseren Verständlichkeit wird die Umsatzsteuer vernachlässigt.)

a) Um welchen Beleg handelt es sich jeweils?

b) Bilden Sie jeweils den Buchungssatz.

WarenHaus
Gaby **Kern** KG
Nürnberg

Heft	0,69 €
Mehl	2,29 €
Milch	0,89 €
Zucker	1,99 €
SUMME	**5,66 €**

20..-02-23 09:00 61096 7 1 6080

*** Wir danken für Ihren Einkauf. ***

Beleg 1

Netto € ct

+ % USt € ct

Gesamt € 1.218 ct 00

Quittung

Nr.

Gesamtbetrag € in Worten

eintausendzweihundertachtzehn-------- Cent wie oben

(Im Gesamtbetrag sind ______ % Umsatzsteuer enthalten)

von Warenhaus Gaby Kern

für Regalwand

richtig erhalten zu haben, bestätigt

Ort Nürnberg Datum 16. Nov. 20..

Buchungsvermerke

Stempel/Unterschrift des Empfängers

Möbelhaus Möbler

i. A. Richter

Beleg 2

SKI-KG

Kanalstr. 6
88239 Wangen

Warenhaus
Gaby Kern KG
Maxplatz 30
90403 Nürnberg

Kunden-Nr.: 1841
Rechnungs-Nr.: 382201
Datum: 20..-12-19

Bankverbindung
Kreissparkasse Wangen
Kontonummer: 123 456
BLZ 580 501 10

Steuernummer: 070043

Rechnung

Lieferdatum: 20..-12-15

5 Paar Skier zu je 410,00 € 2.050,00 €

Beleg 3

Kontoauszug Sparkasse Nürnberg

Konto-Nr.	Datum	Ausz.-Nr.	Blatt	Buchungstag	PN-Nr.	Wert	Umsatz
37 800	..-12-06	130	1				
RECHNUNGSNUMMER 114				20..-12-06	8744	12-06	- 700,00 S

Alter Saldo
H 900,00

WARENHAUS
G. KERN KG
MAXPLATZ 30
90403 NÜRNBERG

Neuer Saldo
H 200,00

Beleg 4

Überweisungsauftrag an 760 501 01

Sparkasse Nürnberg 7513298

Begünstigter: Name, Vorname/Firma (max. 27 Stellen)
Warenhaus Gaby Kern KG

Konto-Nr. des Begünstigten
124600-855

Schreibmaschine: normale Schreibweise! Handschrift: Blocksatz in GROSSBUCHSTABEN; Kästchen beachten!

Bankleitzahl
76010085

bei (Kreditinstitut)
Postbank NBG

EUR Betrag: Euro, Cent
1.569,00--------------

Kunden-Referenznummer – noch Verwendungszweck ggf. Name und Anschrift des Auftraggebers – (nur für Begünstigten)
RG-NR. 2970 v. 28. Mai 20..

noch Verwendungszweck (insgesamt max. 2 Zeilen à 27 Stellen)

Kontoinhaber/Einzahler: Name (max. 27 Stellen, keine Straßen- oder Postfachangaben)
Thomas Ebner

Konto-Nr. des Kontoinhabers
0076392831

20

8. Juni 20.. Ebner
Datum, Unterschrift

Beleg 5

Netto € ct
€ ct
\+ % USt
Gesamt € 500 ct 00

Quittung
Nr.

Gesamtbetrag € in Worten
fünfhundert------------------------ Cent wie oben

(Im Gesamtbetrag sind ______ % Umsatzsteuer enthalten)

von Fa. G. Kern, Nürnberg

für Lohn für Ferienarbeiter, 26./27. August

richtig erhalten zu haben, bestätigt

Ort Nürnberg Datum 27. Aug. 20..

Buchungsvermerke

Stempel/Unterschrift des Empfängers
Romina Jackson

Beleg 6

8

Sparkasse Nürnberg

Nur zur Verrechnung

Zahlen Sie gegen diesen Scheck

neunhundert

Betrag in Buchstaben

noch Betrag in Buchstaben

an

Reinhard Hofmann
Lagermiete

EUR Betrag 900,00

oder Überbringer

Nürnberg

Ausstellungsort

1. Juni 20..

Datum

G. Kern

Unterschrift des Ausstellers

Der vorgedruckte Schecktext darf nicht geändert oder gestrichen werden. Die Angabe einer Zahlungsfrist auf dem Scheck gilt als nicht geschrieben.

Scheck-Nr. | Konto-Nr. | Betrag | Bankleitzahl | Text

000000693264⑀ 000037800 76050101⑀ 01⑁

Bitte dieses Feld nicht beschriften und nicht bestempeln

Beleg 7

Postfiliale Shop in Shop
90411 Nürnberg 110
84042704 3009 20..-01-17

*11,20 EUR

Postwertzeichen ohne Zuschlag

Vielen Dank für Ihren Besuch.
Ihre Postfiliale Shop in Shop

Unsere Mitarbeiter beraten
Sie gern.

Beleg 8

Beleg für den Einzahler

Postbank Nürnberg

(Annahmevermerk)

Begünstigter; Name, Vorname/Firma (max. 27 Stellen)
Warenhaus Gaby Kern KG

Konto-Nr. des Begünstigten
124 600 855

Bankleitzahl
760 100 85

bei (Kreditinstitut)
Postbank Nürnberg

EUR Betrag: Euro, Cent
1.800,00--------------

Verwendungszweck – z. B. Kunden-Referenznummer, ggf. Name und Anschrift des Auftraggebers/Einzahlers – (nur für Begünstigten)

Auftraggeber/Einzahler: Name, Ort (max. 27 Stellen, keine Straßen- oder Postfachangaben)
Warenhaus Gaby Kern KG

(Bei maschineller Buchung ist für die Quittung der Maschinendruck maßgebend)

Beleg 9

8 Kontrolle der Geschäftsprozesse – Einführung in die Betriebsstatistik

Aus der Gewinn- und Verlustrechnung erkennt ein Einzelhändler, wie erfolgreich er gewirtschaftet hat. Das Warenhaus Gaby Kern erzielte in diesem Jahr einen Gewinn von 434.500,00 €. War das Warenhaus nun erfolgreich oder nicht? Um den Gewinn beurteilen zu können, muss man diesen in ein Verhältnis setzen, z. B. zum letzten Jahr oder zu einem anderen vergleichbaren Unternehmen. Es müssen also Zeitvergleiche oder Betriebsvergleiche durchgeführt werden.

Das Zahlenmaterial für die Betriebsstatistik erhält der Einzelhändler

- aus der Buchführung,
- aus dem Warenwirtschaftssystem
- sowie aus der Kosten- und Leistungsrechnung (siehe Lernfeld 11).

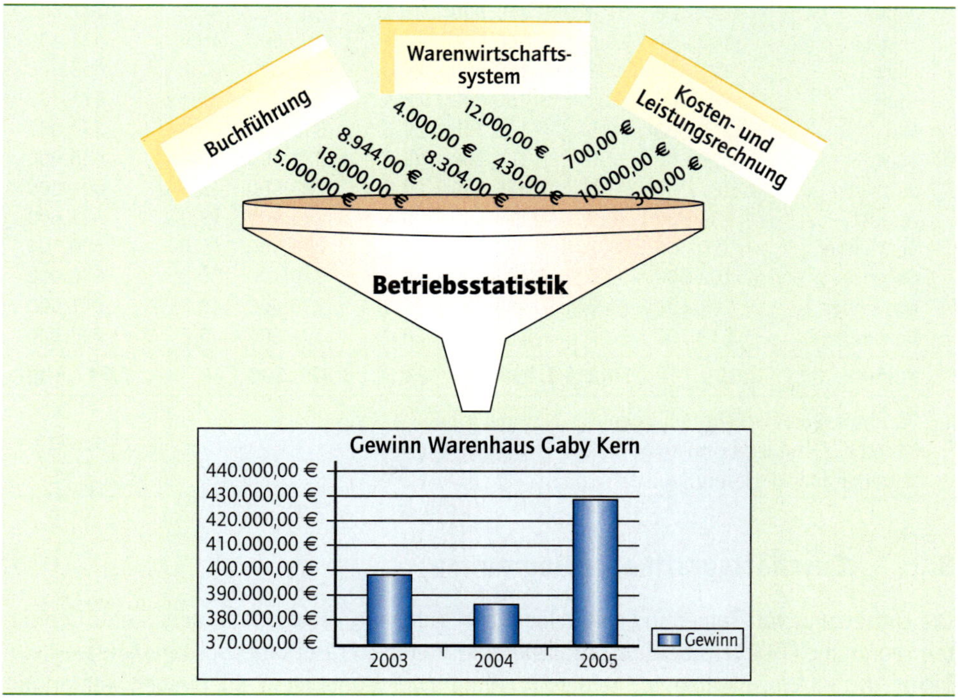

Das gesammelte statistische Ausgangsmaterial ist in der Urform selten aussagekräftig, es muss deshalb in Form gebracht werden. Hierfür stehen drei Möglichkeiten zur Verfügung:

- Erstellen von Tabellen,
- Gestalten von Diagrammen,
- Bildung von Kennzahlen.

Es muss die Darstellungsform gewählt werden, die das vorhandene Zahlenmaterial optimal aufbereitet.

8.1 Tabellen

Sind die in der Datenerhebung gewonnenen Zahlen von sich aus aussagekräftig, genügt zumeist deren übersichtliche Anordnung in Tabellenform. Auf engem Raum lässt sich ein Maximum an Informationen darstellen, da sich mit Zahlen auch die größtmögliche Genauigkeit der Aussage erreichen lässt.

Einfache Tabellen kann man direkt im Textverarbeitungsprogramm erstellen, für umfangreiche und komplizierte Tabellen setzt man besser ein Tabellenkalkulationsprogramm ein, das eine Vielzahl von Gestaltungsmöglichkeiten und Funktionen zur Verfügung stellt.

Tabellenkopf

Umsatz nach Abteilungen Geschäftsjahr 20..							Warenhaus Kern Nürnberg
	Textil		Lebensmittel		Hartwaren		Gesamt
Monat	€	%	€	%	€	%	€
Januar	233.400	31,8	176.800	24,1	322.400	44,1	732.600
Februar	198.700	29,6	166.500	24,8	305.900	45,6	671.100
März	191.300	28,8	159.300	24,0	312.800	47,2	663.400
April	188.200	28,1	150.800	22,4	332.700	49,5	671.700
Mai	198.300	29,6	132.100	20,6	318.600	49,8	640.000
Juni	190.800	30,0	124.800	19,6	321.300	50,4	636.900
Juli	187.700	31,1	125.500	20,9	288.600	48,0	601.800
August	189.300	32,3	119.400	20,4	276.900	47,3	585.600
September	190.200	31,2	120.600	19,8	298.300	49,0	609.100
Oktober	192.500	30,6	121.400	19,3	316.100	50,1	630.000
November	201.600	29,7	139.500	20,6	336.400	49,7	677.500
Dezember	242.700	30,4	162.600	20,4	392.500	49,2	797.800
Summe	**2.395.700**	**30,2**	**1.699.300**	**21,5**	**3.822.500**	**48,3**	**7.917.500**

Tabellenrumpf

Tabellenfuß

Warenumsätze nach Abteilungen
Zahlen auf Hunderterstellen gerundet
Barverkäufe inkl. Lieferungen an Kunden

8.2 Geschäftsgrafiken (Diagramme)

Die Umsetzung von Zahlen in Schaubilder kann durch die Verwendung geeigneter Computerprogramme (Textverarbeitung, Publishingprogramme, Präsentationsprogramme) auf einfache Art und Weise erfolgen. Die dem Programm vorgegebenen Zahlenreihen werden auf Knopfdruck vom Programm in aussagekräftige Diagramme (Charts) umgewandelt und können meistens noch von Hand nachbearbeitet werden. Durch die Verwendung eines Präsentationsprogramms können derartige Darstellungen auch automatisiert und animiert (belebt) werden. Auch die Gestaltung in dreidimensionalen Bildern kann die Aussagekraft unterstützen.

Eine besondere Rolle innerhalb der Vielzahl von Darstellungsmöglichkeiten der anschaulichen Umsetzung von Zahlen in Grafiken spielen die folgenden drei Gruppen:

- Kreisdiagramme
- Säulen- oder Balkendiagramme
- Linien- und Flächendiagramme

Kreisdiagramm

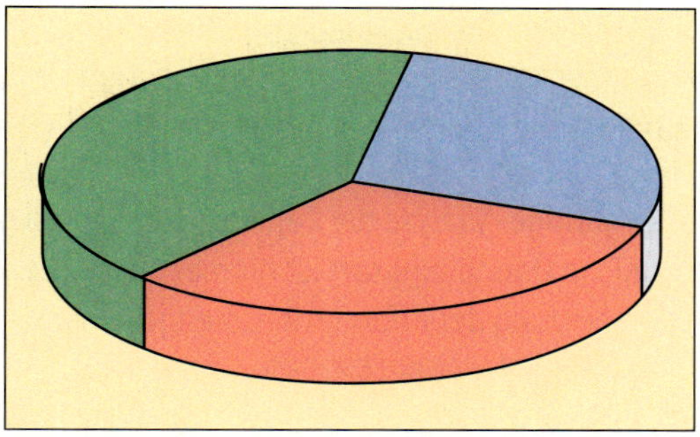

Im Kreisdiagramm sollen nur wenige Zahlen dargestellt werden. Vor allem die Veranschaulichung eines Ganzen und dessen Aufteilung in seine einzelnen Bestandteile lässt sich durch die Umsetzung in ein Kreisdiagramm sehr anschaulich darstellen. Je mehr Teile ein Ganzes umfasst, desto stärker sinkt die Aussagekraft des Kreisdiagramms. Soll ein einzelner Anteil besonders hervorgehoben werden, so kann man diesen Anteil aus dem Ganzen etwas herausziehen, wie ein Stück einer Torte, weshalb diese Art der Darstellung auch gelegentlich als Tortendiagramm bezeichnet wird.

Beispiele: Anteil der Gesellschafter am Kapital; Umsatz nach Quartalen; Filialumsätze.

Balken- oder Säulendiagramm

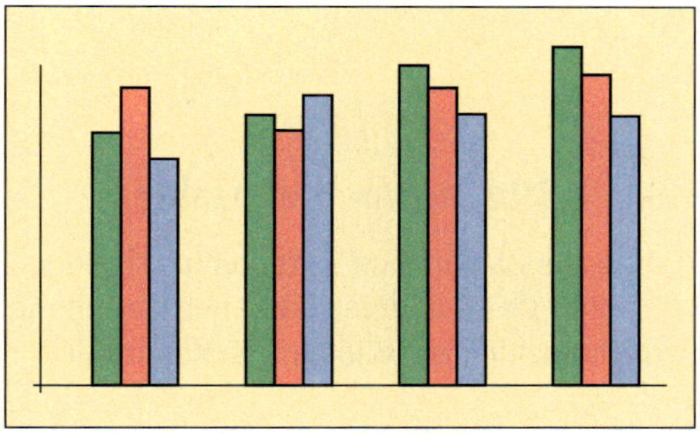

Im Balken- oder Säulendiagramm kann eine Rangfolge von Objekten mit einem Blick erkannt werden. Die einzelnen Bezugsgrößen werden als unterschiedlich lange Balken nebeneinander oder übereinander angeordnet und zeigen somit das Verhältnis der Zahlen auf einen Blick an. Auch mehrere Balkengruppen können nebeneinander angeordnet werden, z. B. Umsätze verschiedener Filialen eines Unternehmens nach Quartalen geordnet. Eine weitere Differenzierung ist möglich, wenn die Balken zusätzlich in der Höhe unterteilt werden.

Weitere Beispiele: Anteile einzelner Produkte am Umsatz; Umsätze mehrerer Filialen nach Quartalen und Abteilungen differenziert.

Liniendiagramm

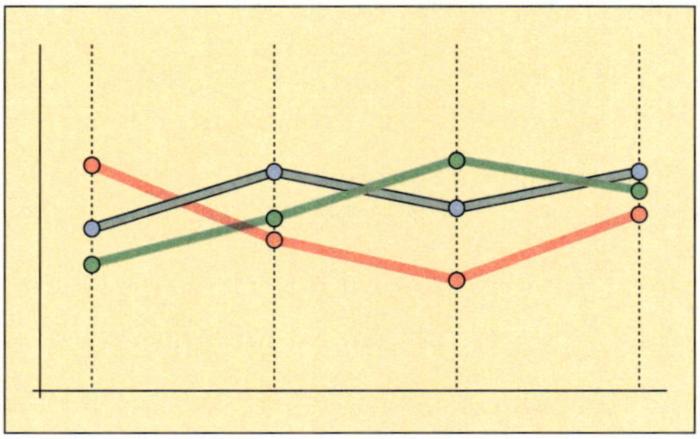

Im Liniendiagramm sollen vor allem Entwicklungen einer Zahlenreihe in Abhängigkeit von der Zeit dargestellt werden (so genannte Zeitreihen), entweder als einzelne Zeitreihe zur Darstellung eines langfristigen Trends oder als überlagertes Liniendiagramm zum Vergleich verschiedener Entwicklungen von einzelnen Produktlinien. Zu viele Linien in einem Diagramm verwirren den Betrachter und führen zu einem „Spagetti-Diagramm". Das **Flächendiagramm** dient ebenfalls der Darstellung von zeitlichen Entwicklungen als Fläche gestapelt.

▶▶ **Beispiel:**
Abteilungsumsätze im Geschäftsjahr; Verkaufszahlen pro Artikel; Entwicklung von Aktienkursen.

8

Grundsätze für die Gestaltung von Schaubildern

Diagramme sollen nicht illustrieren, sondern informieren. Der Inhalt ist wichtiger als die Art der grafischen Darstellung. So sind häufig zweidimensionale Darstellungen klarer und aussagekräftiger als dreidimensionale, diese sehen allerdings in den meisten Fällen wesentlich eindrucksvoller aus.

- Sorgfältige Analyse der Zahlen: „Was will ich dem Betrachter vermitteln?"
- Welche Darstellungsart ist für meine Zwecke am hilfreichsten?
- Begrenzung der Informationsmenge in einem Schaubild, das Dargestellte soll mit einem Blick erfasst werden können.
- Jedes Diagramm muss eine eindeutige Überschrift erhalten.
- Beschriftungen dürfen nicht zu klein gewählt sein und damit unleserlich werden.
- Legenden ordnen das Dargestellte eindeutig und helfen dem Betrachter, das Schaubild zu verstehen.
- Achten Sie darauf, ob der Ausgangswert einer Reihe bei Null beginnt oder einen hohen Anfangswert besitzt, die getroffene Aussage kann dadurch wesentlich verfälscht werden.

8.3 Bildung von Kennzahlen

Statistische Zahlen sind selten von sich aus aussagekräftig, sie werden erst interessant, wenn man sie zu anderen Zahlen in Beziehung setzt. Diese Beziehungen und Vergleiche erzielt man durch die Bildung von Kennzahlen.

Besonderes betriebswirtschaftliches Interesse gilt folgenden Arten von Kennzahlen:

- Gliederungszahlen
- Beziehungszahlen
- Indexzahlen
- Durchschnittszahlen

Gliederungszahlen

Gliederungszahlen haben als Ergebnis eine Prozentzahl. Sie unterteilen eine Gesamtmenge in ihre prozentualen Teilmengen.

Beispiel:
Das Warenhaus Gaby Kern hat folgenden Umsatz nach Abteilungen erzielt:

	Umsatz	in %
Abteilung Textil	2.395.700,00 €	30,2 %
Abteilung Lebensmittel	1.699.300,00 €	21,5 %
Abteilung Hartwaren	3.822.500,00 €	48,3 %
Gesamt	7.917.500,00 €	100 %

Beziehungszahlen

Beziehungszahlen haben ebenfalls eine Prozentzahl als Ergebnis. Sie berechnen die Beziehung zu einem andersartigen Wert.

Beispiel:

Umsatz der Firma Gaby Kern 8.300.000,00 € = 100 %
Gewinn der Firma 434.500,00 € = x
x = 5,2 % d. h., der Anteil des Gewinns am Umsatz beträgt 5,2 %.

Indexzahlen (Indices)

Indexzahlen (Indices) werden auf eine bestimmte Basiszahl bezogen. Durch die Indexzahlen können Entwicklungen über einen längeren Zeitraum gut vergleichbar gemacht werden. Das Basisjahr wird mit 100 % festgelegt.

Beispiel:

Entwicklung des Umsatzes des Warenhaus Gaby Kern in der Zeit von 2003 bis 2007

Umsatzentwicklung des Warenhaus Kern		in %
2003	7.917.500,00 €	100 %
2004	8.000.000,00 €	101,4 %
2005	8.100.200,00 €	102,3 %
2006	7.800.000,00 €	98,5 %
2007	8.300.000,00 €	104,8 %

Im Jahr 2007 ist eine Steigerung von 4,8 Prozentpunkten zu verzeichnen.

8

Durchschnittszahlen

Durchschnittszahlen ermitteln aus mehreren Einzelwerten einen Durchschnittswert. Man unterscheidet den einfachen und den gewogenen Durchschnitt (siehe Lernfeld 3).

Beispiel:

Aus dem Warenwirtschaftssystem entnimmt Gaby Kern, dass am 12. November 20.. 537 Bons an Kunden ausgestellt wurden. Der Tagesumsatz beläuft sich auf 45.000,00 €. Wie viel Umsatz entfällt durchschnittlich auf einen Kunden?

durchschnittl. Umsatz pro Kunde = Tagesumsatz : Zahl der Bons.

= 45.000 : 537 = 83,30 €/Kunde

Aufgaben

1. Stellen Sie folgende Zahlen als Handzeichnungen in einem

- Kreisdiagramm,
- Säulendiagramm und als
- Liniendiagramm dar.

Hauptgeschäft:	Umsatz	1.000.000,00 €
Filiale A:	Umsatz	600.000,00 €
Filiale B:	Umsatz	400.000,00 €

2. Welche Diagrammart ist besonders geeignet

a) für die anschauliche Anordnung weniger Zahlen,

b) das Aufzeigen von zeitlichen Verläufen und Entwicklungen,

c) für die Zusammensetzung mehrerer Werte?

3. Folgende Stückzahlen konnte ein Einzelhändler von einem Artikel in der letzten Woche verkaufen:

Montag	15
Dienstag	18
Mittwoch	14
Donnerstag	19
Freitag	21
Samstag	20

Erstellen Sie ein Liniendiagramm.

4. Geben Sie die folgenden Werte in ein Tabellenkalkulationsprogramm ein:

Filialumsätze	*Filiale 1*	*Filiale 2*	*Filiale 3*	*Gesamtumsatz*
1. Quartal	6.400,00 €	3.100,00 €	5.200,00 €	
2. Quartal	6.200,00 €	3.300,00 €	4.400,00 €	
3. Quartal	6.800,00 €	3.700,00 €	4.900,00 €	
4. Quartal	8.100,00 €	3.900,00 €	6.500,00 €	
Summe				

a) Geben Sie in die letzte Spalte/Zeile jeweils die Summenformeln zur Ermittlung der Gesamtumsätze ein.

b) Veranlassen Sie das Programm zur Erstellung folgender Diagramme:

- Kreisdiagramm des Gesamtumsatzes nach Filialen (Summen)
- Balkendiagramm der Filialgesamtumsätze gestapelt nach Einzelumsatz
- Liniendiagramm der Umsatzentwicklung der drei Filialen
- Flächendiagramm der Umsätze der drei Filialen

5. Der Gewinn einer Filiale lässt sich über die letzten 5 Jahre wie folgt darstellen:

Gewinn	
2003	50.000,00 €
2004	51.100,00 €
2005	50.300,00 €
2006	52.400,00 €
2007	53.000,00 €

a) Fertigen Sie ein geeignetes Diagramm an.

b) Wie hoch ist der durchschnittliche Gewinn?

c) Berechnen Sie die Indices, das Basisjahr ist 2003.

d) Um wie viel Produzentpunkte stieg der Gewinn im Jahr 2007?

6. Der Inhaber eines Bettenfachgeschäftes entnimmt aus seiner Gewinn- und Verlust-rechnung folgende Daten: In diesem Jahr wurden Erträge von 230.450,00 € erwirtschaftet. Die Aufwendungen betrugen 120.000,00 €. Welchen prozentualen Anteil haben die Aufwendungen am Gewinn?

7. Ein Fachgeschäft hatte im letzten Monat folgende Aufwendungen:

– Gehälter	20.900,00 €
– Miete	7.300,00 €
– Steuern	2.400,00 €
– Zinsen	750,00 €
– Werbung	2.900,00 €
– sonstige Aufwendungen	3.400,00 €

a) Wie hoch sind die Gesamtaufwendungen im Monat?

b) Berechnen Sie den prozentualen Anteil der Aufwendungen an den Gesamtaufwendungen.

8. Ein Modehaus stellt die Umsätze seiner Abteilungen gegenüber:

Abteilung	*Vorjahr*	*abgelaufenes Jahr*
Damenoberbekleidung	131.000,00 €	136.000,00 €
Herrenbekleidung	75.000,00 €	76.000,00 €
Kinderbekleidung	32.000,00 €	21.500,00 €
Babybekleidung	12.000,00 €	4.000,00 €

a) Ergänzen Sie folgende Tabelle und berechnen Sie die Werte:

Abteilung	**Umsatz im Vorjahr in €**	**%-Anteil am Gesamtumsatz**	**Umsatz im abgelaufenen Jahr in €**	**%-Anteil am Gesamtumsatz**	**Umsatz-veränderungen in €**	**Umsatz-veränderungen in %**
...	...	...	...	...	...	...
Summen						

b) Fertigen Sie ein Diagramm über die Entwicklung der Umsatzzahlen der Abteilungen an.

c) Um wie viel Prozent sank bzw. stieg der Umsatz im abgelaufenen Jahr im Vergleich zum Vorjahr?

d) Welche Abteilungen waren maßgeblich für diese Entwicklung? Woran könnte es liegen?

e) In welchen Abteilungen können Umsatzzuwächse verzeichnet werden (in Euro und Prozent)?

9. Die Quartals- und Gesamtumsätze zweier Filialen sollen miteinander verglichen werden.

	Filiale A	*Filiale B*
1. Quartal	286.328,00 €	304.412,00 €
2. Quartal	244.875,00 €	238.422,00 €
3. Quartal	242.276,00 €	240.980,00 €
4. Quartal	346.468,00 €	386.544,00 €

a) Berechnen Sie die Durchschnittsumsätze beider Filialen.

b) Berechnen Sie den prozentualen Anteil der Filialen am Gesamtjahresumsatz.

10. Ein Supermarkt erhält aus dem Warenwirtschaftssystem folgende Informationen über den Gewinn bestimmter Warengruppen:

	Molkereiprodukte	*Hartwaren*	*Obst und Gemüse*
2005	12.700,00 €	11.200,00 €	9.000,00 €
2006	14.200,00 €	10.300,00 €	11.000,00 €
2007	15.200,00 €	13.100,00 €	12.500,00 €

a) Berechnen Sie die prozentuale Gewinnentwicklung der Warengruppen für 2006 und 2007. Das Basisjahr ist 2005.

b) Welche Warengruppe hat sich am besten entwickelt?

11. Das Warenwirtschaftssystem hat für heute folgende Verkäuferstatistik ausgegeben:

- Verkäuferin Esma Yakin 38 Kunden, 1.590,00 € Umsatz
- Verkäufer Stefan Stein 32 Kunden, 2.250,00 € Umsatz
- Verkäuferin Jenny Jackson 44 Kunden, 3.040,00 € Umsatz
- Verkäufer Uwe Kempfer 35 Kunden, 2.300,00 € Umsatz
- Auszubildende Semra Ak 12 Kunden, 580,00 € Umsatz

Legen Sie eine Tabelle an und berechnen Sie die Werte:

Verkäufer	*Kunden*	*Umsatz*	*durchschnittliche Kaufsumme pro Kunde*	*Verkaufsanteil am Gesamtumsatz*
...				

a) Wie hoch ist der Gesamtumsatz für diesen Tag?
b) Wie hoch ist die Gesamtzahl der Kunden?
c) Wie hoch ist der Durchschnittsumsatz je Verkäufer?
d) Wie hoch ist der Durchschnittsumsatz je Kunde?
e) Zeichnen Sie ein Diagramm, das die Verkaufsanteile der Verkäufer vergleicht.
f) Welche Verkäufer verkauften unterdurchschnittlich?
g) Welcher Verkäufer hat die höchste durchschnittliche Kaufsumme pro Kunde erreicht?

12. Ein Warenhaus erhält aus der Buchführung folgende Zahlen über die monatlichen Aufwendungen für Werbung (Inserate in Tageszeitungen und Radiospots):

Januar	4.380,00 €	April	3.880,00 €	Juli	2.980,00 €	Oktober	3.260,00 €
Februar	6.300,00 €	Mai	3.880,00 €	August	840,00 €	November	6.420,00 €
März	2.260,00 €	Juni	4.260,00 €	September	4.250,00 €	Dezember	9.760,00 €

a) Wie hoch ist der Gesamtaufwand für Werbung?
b) Wie hoch ist der durchschnittliche Monatsaufwand für Werbung im 1. Halbjahr?
c) Wie hoch ist der durchschnittliche Monatsaufwand für Werbung im 2. Halbjahr?
d) Wie hoch sind die Werbungskosten im Monatsdurchschnitt?
e) Die Gesamtaufwendungen belaufen sich auf 874.500,00 €. Wie viel Prozent entfallen auf die Aufwendungen für Werbung?

13. Aus Daten des Bundesverbandes des Deutschen Versandhandels e.V. (bvh) wurde folgendes Diagramm erstellt:

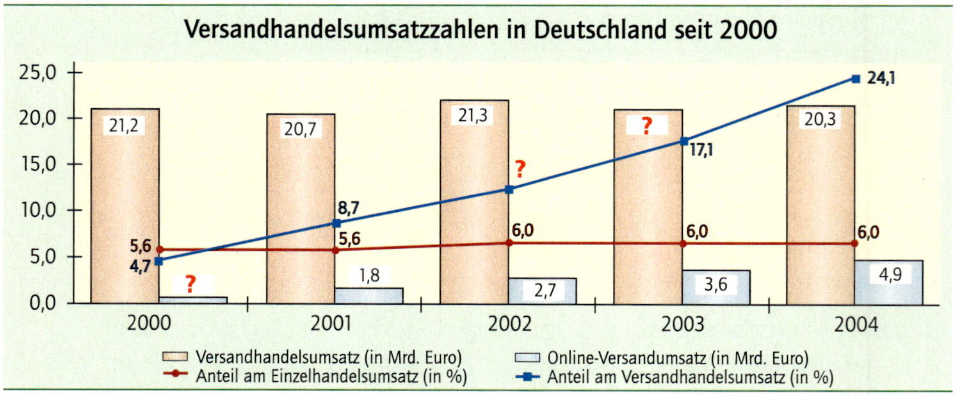

a) Interpretieren Sie das Diagramm.
b) Berechnen Sie den Einzelhandelsumsatz im Jahr 2004.
c) Berechenen Sie die fehlenden Werte:
- Wie hoch ist der Online-Versandhandelsumsatz im Jahr 2000?
- Wie hoch ist der Anteil des Online-Versandhandels am Versandhandelsumsatz im Jahr 2002?
- Wie hoch ist der Versandhandelsumsatz im Jahr 2003?

Lernfeld 9

Preispolitische Maßnahmen vorbereiten und durchführen

Preispolitische Maßnahmen vorbereiten und durchführen

- Preisangabenverordnung
- Kalkulation
- Preispolitik

1 Preisangabenverordnung

Jeder, der Letztverbrauchern gewerbs- und geschäftsmäßig Waren und Dienstleistungen anbietet oder damit wirbt, ist verpflichtet, die Vorschriften der Preisangabenverordnung zu beachten.

Der Gesetzgeber schützt den Letztverbraucher, der dadurch eindeutige Aussagen über die Preise von Waren und Dienstleistungen erhält. Außerdem fördert er den Wettbewerb zwischen den Anbietern durch vergleichbare Preise.

Oberste Grundsätze hierbei sind

- die Preiswahrheit,
- die Preisklarheit,
- die allgemeine Verkehrsauffassung, d. h., was im Handel üblich ist.

1.1 Preisbestandteile

Preise für Waren und Dienstleistungen müssen folgende Bestandteile enthalten:

Waren	Dienstleistungen
▶ den **Endpreis** (Bruttoverkaufspreis) = Preis der Ware inkl. Umsatzsteuer und sonstiger Preisbestandteile	▶ den **Endpreis** (Bruttoverkaufspreis) = Preis der Leistung inkl. Umsatzsteuer und sonstiger Preisbestandteile
▶ Liefer- und Versandkosten (bei Fernabgabe)	▶ Liefer- und Versandkosten (bei Fernabgabe)
▶ zusätzlich: den **Grundpreis** = Preis je Mengeneinheit (d. h. je Kilogramm, Liter, Meter, Quadratmeter, Kubikmeter)	▶ Stundensätze, Kilometersätze und sonstige Verrechnungssätze
▶ wenn üblich: Lieferfristen, Gütebezeichnung	▶ wenn üblich: Leistungseinheit, Gütebezeichnung

1.2 Arten der Preisauszeichnung

Hierbei ist zu beachten, dass sich der Endverbraucher jederzeit problemlos über die Preise informieren kann. So muss der Einzelhändler dafür sorgen, dass die Preise

- leicht erkennbar und
- deutlich lesbar oder sonst gut wahrnehmbar sind.

Im Einzelnen kennt die Verordnung folgende Möglichkeiten:

- **Preisschilder oder Beschriftung der Ware**
  - bei Waren, die der Kunde selbst entnehmen kann (z. B. bei Selbstbedienung),
  - bei Waren, die im Schaufenster oder in Schaukästen (innerhalb oder außerhalb des Verkaufsraumes) ausgestellt werden,
  - bei Waren, die an Verkaufsständen angeboten werden,
  - bei Waren, die vom Kunden nicht selbst entnommen werden können. Hier ist auch die Auszeichnung am Behältnis (Regal, Theke usw.) möglich oder der Anbieter hängt ein Preisverzeichnis aus.

- **Preisverzeichnis**
  - bei Musterbüchern: die Preisangabe auf dem jeweiligen Muster ist auch möglich.
  - bei Angeboten über Katalog oder Bildschirm: als zweite Möglichkeit gilt die Preisangabe unmittelbar bei der Abbildung bzw. der Artikelbeschreibung.
  - bei Leistungen: Preisverzeichnis bereitstellen oder im Geschäft, Schaufenster oder Schaukasten anbringen oder auf dem Bildschirm anzeigen.

- **Sonderfälle**
  - Tankstellen: Der Preis muss bei der Anfahrt deutlich lesbar sein.
  - Energie- und Wasserversorgung: Im Preis je Mengeneinheit müssen Umsatzsteuer und Verbrauchsteuern enthalten sein.
  - Banken: Bei der Vergabe von Krediten ist der Prozentsatz der Gesamtkosten pro Jahr anzugeben (= effektiver Jahreszins).
  - Gaststätten und Beherbergungsgewerbe: In Speisekartenpreisen ist das Bedienungsgeld enthalten. Übernachtungspreise beinhalten z. B. die Kurtaxe.

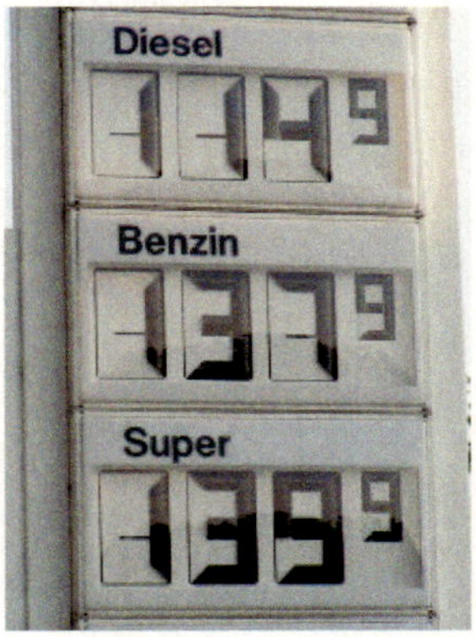

1.3 Ausnahmen von der Preisangabenverordnung

Die Bestimmungen der Verordnung gelten nicht,

- wenn der Käufer die Ware für gewerbliche bzw. behördliche Nutzung kauft,
- wenn Waren bei Versteigerungen angeboten werden,
- für Kunstgegenstände, Sammlerstücke und Antiquitäten,
- für Waren, die in Werbevorführungen angeboten werden, wenn der Preis genannt wird,
- bei Blumen und Pflanzen vom Freiland bzw. Treibhaus,
- bei Kleinstmengen (unter 10 Gramm oder 10 Milliliter),
- bei kleinen Einzelhandelsgeschäften mit Bedienung, sofern die Ware nicht über Vertriebsorganisationen bezogen wird,
- bei Getränke- und Verpflegungsautomaten,
- bei kosmetischen Mitteln und Parfüms,
- bei leicht verderblichen Lebensmitteln, wenn der Endpreis wegen drohendem Verderb herabgesetzt wird,
- bei künstlerischen, wissenschaftlichen und pädagogischen Leistungen.

2 Preispolitik

2.1 Preis

Für den Verbraucher spielt der Preis der angebotenen Waren eine erhebliche Rolle. Deshalb werben die Einzelhändler in umfangreichen Zeitungsinseraten und -beilagen, aber auch in anderen Werbeträgern vor allem mit dem Preis. Er ist die einfachste, schnellste und wirksamste Möglichkeit des Einzelhändlers, seinen Absatz positiv zu beeinflussen. Er muss alle entstandenen Kosten abdecken und darüber hinaus den Unternehmer für seine Arbeitskraft und das eingesetzte Kapital entschädigen. Nur über den Verkaufspreis hat er die Möglichkeit,

- die ihm entstandenen Aufwendungen (Warenbezugskosten, Miete, Personalkosten, Sachkosten für Werbung, Verwaltung, Raumkosten, Abschreibungen u. a.),
- die vom Staat geforderten Steuern (Gewerbesteuer, Umsatzsteuer) und
- einen angemessenen Gewinn (Unternehmerlohn, Kapitalverzinsung und Risikoprämie für eventuelle Kapitalverluste)

zu erwirtschaften.

Außerdem kann der Einzelhändler über den Preis das Image des Geschäftes beeinflussen. Besonders günstige Preise sprechen preisbewusste Käuferschichten an, gewollte Hochpreispolitik erschließt vor allem finanzkräftige Kunden.

2.2 Festsetzung der Preise

Grundsätzlich erfolgt die Preisermittlung durch die Kalkulation, wobei der Listenpreis des Herstellers und die Zahlen des Vorjahres als Ausgangspunkt dienen (= passive Preispolitik).

Betriebsinterne Einflüsse spielen hier die Hauptrolle, z. B.

- die betriebliche Kostensituation: vor allem Personalkosten, Miete,
- die Zusammensetzung des Sortiments: Massenware oder Markenartikel,
- die Betriebsgröße: höhere Rabatte für größere Bestellmengen im Großbetrieb, aber auch
- der Ladendiebstahl, der in den Preis einkalkuliert wird.

So ergeben sich folgende Preise:

- kalkulierte Preise: Sie erhält man direkt aus der Kalkulation.
- empfohlenene Preise: Das sind vom Hersteller angegebene Richtpreise, die für den Einzelhändler jedoch nicht bindend sind. Je nach seinem Kalkulationsergebnis kann er sie über- oder unterschreiten.
- gebundene Preise (z. B. bei Büchern, Zeitschriften, Medikamenten): Sie müssen übernommen werden und sind in der Regel vom Hersteller so großzügig kalkuliert, dass jeder Einzelhändler sie übernehmen kann, ohne Verlust zu machen.

Ein anderer Ansatzpunkt besteht darin, die Rentabilität des eingesetzten Kapitals und das Prinzip der Gewinnmaximierung in den Vordergrund zu stellen. Die Frage lautet hier: Welchen Preis kann ich auf dem Markt durchsetzen (= aktive Preispolitik)? Nicht mehr die Kostendeckung steht im Vordergrund, sondern eine möglichst hohe Gewinnerwartung des Unternehmers.

Hier wirken sich besonders **betriebsexterne Einflüsse** stärker aus, wie z. B.

- die Marktstruktur: Zahl der Anbieter (Konkurrenz) und Nachfrager auf dem Markt
- der Standort: Art der Bevölkerungsstruktur, örtliche Gegebenheiten
- verfügbare Einkommen der Nachfrager: je nach Bevölkerungsstruktur und allgemeiner wirtschaftlicher Lage
- die Markttransparenz der Nachfrager: Inwieweit informieren sich die Kunden vor dem Einkauf auf dem Markt?
- das Kaufverhalten der Nachfrager: Erkennen von Kauftrends, z. B. Trend zu Markenartikeln oder zu Biokost
- die Gesetzgebung: vor allem Preisangabenverordnung, Gesetz gegen den unlauteren Wettbewerb, Kartellgesetz (Verbot von Preisabsprachen), § 138 BGB (sog. Wucherparagraf)

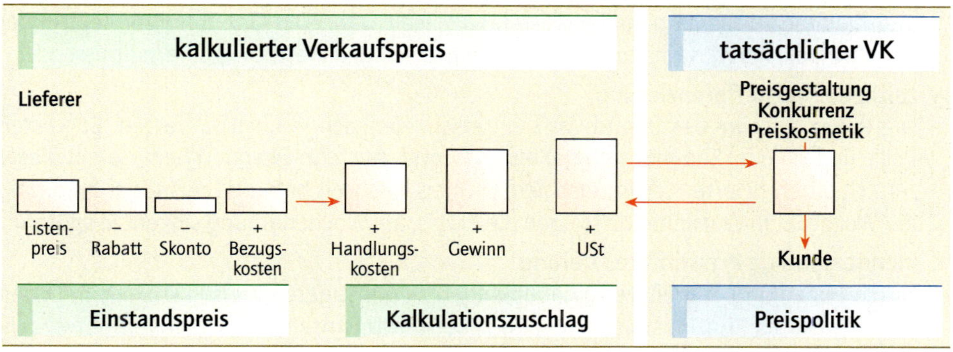

2.3 Möglichkeiten preispolitischer Entscheidungen

2.3.1 Mischkalkulation (Ausgleichskalkulation)

Der Kunde hat beim Preisvergleich meist nur die Preise bestimmter geläufiger Artikel im Kopf. Diese Artikel nennt man „Indikatorartikel". Der Einzelhändler muss deshalb die Indikatorartikel besonders niedrig kalkulieren. Zum Ausgleich ist es dann erforderlich, dass andere Artikel aus dem Sortiment höher kalkuliert werden.

Bei der Mischkalkulation findet man nebeneinander im Sortiment

- Artikel mit besonders niedrigem Verkaufspreis:
  - Indikatorartikel, deren Preise der Verbraucher häufig vergleicht
  - „Schnäppchen", die besonders auffällig herausgestellt werden
  - Aktionspreise, zum Beispiel „Französische Wochen"
- Artikel mit normalem Verkaufspreis:
  - Standardsortiment
  - Sortiment mit hoher Kundendichte
- Artikel mit höherem Verkaufspreis:
  - Zubehörartikel
  - Mitnahmeartikel
  - exklusiv geführte Artikel
  - Luxus- und Modellartikel

9

Durch eine ausgeklügelte Mischung dieser unterschiedlich kalkulierten Preise kann ein erheblich besseres Betriebsergebnis erzielt werden als durch das ausschließlich angewandte Kostendeckungsprinzip.

2.3.2 Preisdifferenzierung

Unter Preisdifferenzierung versteht man die Tatsache, dass für die gleiche Ware unterschiedliche Preise gefordert werden. Im Einzelhandel spielen fünf Arten der Preisdifferenzierung eine Rolle:

- **räumliche Preisdifferenzierung**
  Häufig wird in Geschäftszentren die gleiche Ware teurer angeboten als in Randbezirken oder aber in anderen Geschäftszentren. Besonders überregional tätige Filialunternehmen und Kaufhauskonzerne nehmen diese Möglichkeit wahr. Der Grund hierfür liegt in der unterschiedlichen Kostensituation und in den jeweiligen Wettbewerbsverhältnissen.
- **zeitliche Preisdifferenzierung**
  Die Preise für eine bestimmte Ware unterscheiden sich je nach Jahreszeit. So kosten Pelze und Skier im Sommer weniger als im Winter. Auch für Obst und Gemüse gilt dieser zeitlich differenzierte Preisunterschied. Oftmals wechselt hier der Preis sogar innerhalb der Woche: Zum Wochenende steigen die Preise, am Wochenanfang sinken sie spürbar.
- **mengenmäßige Preisdifferenzierung**
  Durch Bündelung in größere Abgabemengen zu günstigeren Preisen steigert man den Umsatz. Dieses Prinzip ist vor allem im Lebensmitteleinzelhandel sehr verbreitet, z. B. Verpackung von Orangen in Netze, kartonweise Abgabe von Wein, sackweiser Verkauf von Kartoffeln.
- **Produktvariation**
  Hierbei wird gleiche bzw. ähnliche Ware durch unterschiedliche Verpackung zu unterschiedlichen Preisen angeboten. Musterbeispiel ist hierfür der Lebensmitteleinzelhandel, der neben Markenartikeln die gleiche Ware als Eigenmarke und sogar als „No-Name-Artikel" führen kann.
- **personelle Preisdifferenzierung**
  Verkauft der Einzelhändler seine Waren an einen gewerblichen Kunden, so bekommt dieser sehr häufig den sog. Wiederverkäuferrabatt. Auch ist es üblich, dem Personal, wenn es im eigenen Geschäft kauft, auf den normalen Verkaufspreis den Personalrabatt zu gewähren. Beziehungskäufe hingegen, d. h., das Personal kauft für einen Betriebsfremden verbilligt ein, werden nicht sehr gern gesehen.

2.3.3 Sonderangebote

Zu einer geschickten Preispolitik gehört es, dass durch Sonderangebote beim Verbraucher der Eindruck besonderer Kaufvorteile erweckt wird. Ein Sonderangebot liegt dann vor, wenn einzelne Waren für einen begrenzten Zeitraum günstiger angeboten werden; d. h., die Zahl der angebotenen Waren ist im Verhältnis zum Gesamtsortiment gering.

Die Zeitspanne darf nicht unangemessen gering sein und der Wettbewerb darf nicht beeinträchtigt werden. Zudem müssen Sonderangebote in angemessener Menge vorhanden sein (siehe UWG).

Die Gründe für den Einsatz von Sonderangeboten sind:

- Sie sollen Kunden in das Geschäft locken.
- Die Leistungsfähigkeit des Betriebes soll unter Beweis gestellt werden.
- „Penner"-Artikel sollen schnell abgesetzt werden.
- Im Lager gebundenes Kapital soll schnell freigesetzt werden.
- Der Umsatz soll erhöht werden.

2.3.4 Markenartikel

Markenartikel sind Waren, die unter einer bekannten Marke überall erhältlich sind. Das Markenzeichen besteht entweder aus dem Markennamen (Schriftzug), dem Markenzeichen (Symbol) oder beidem zusammen, z. B. Persil, Coca-Cola, BOSS. Markenzeichen sind meist durch Eintragung in die Warenzeichenrolle beim Patentamt geschützt.

Kennzeichen des Markenartikels sind

- das Markenzeichen selbst,
- die gleich bleibende Qualität,
- die gleiche Aufmachung,
- die Herstellerwerbung, vor allem zur Imagepflege,
- der hohe Bekanntheitsgrad,
- die Nachkaufgarantie.

Für den Einzelhändler ergeben sich Vorteile, wenn er viele Markenartikel im Sortiment führt. So ist ein langfristiger Absatz durch die Markentreue der Kunden gewährleistet, es besteht ein guter Schutz vor geringwertigen Imitationen und die Gewinnspanne ist durch die relativ hohen empfohlenen Preise des Herstellers größer. Allerdings hat sich in der Praxis gezeigt, dass ein häufiges Unterschreiten der empfohlenen Preise dazu führt, dass der Markenartikelhersteller den Einzelhändler nicht mehr beliefert. Die Möglichkeit des schnellen Reagierens auf preispolitische Maßnahmen der Konkurrenz wird also eingeschränkt.

2.3.5 Psychologische Preisgestaltung

Nicht immer wird der Einzelhändler den ermittelten Preis auf dem Preisschild angeben. So haben sich „runde Preise" als Verkaufshemmnis erwiesen. Günstiger ist es, diesen Preis durch eine geringfügige Unterschreitung oder Erhöhung anzupassen. Dieser Vorgang wird auch als „Preisoptik" oder „Preiskosmetik" bezeichnet.

Ein Preis von 305,00 € für einen Anzug ist schwerer zu erzielen als der Preis von 298,00 € für die gleiche Ware. Ebenso findet man im Lebensmitteleinzelhandel regelmäßig Preise wie 0,98 €, 1,98 € oder 9,98 € statt 1,00 €, 2,00 € oder 10,00 €.

2.3.6 Preisunterbietung

Große Einzelhandelsbetriebe wie z. B. Fachmärkte, Verbrauchermärkte oder Kaufhäuser setzen sehr häufig dieses preispolitische Mittel ein. Man spricht hier auch von Preiskampf. Dabei wird der Preis des Konkurrenten grundsätzlich unterboten, um dem Kunden die eigene Leistungsfähigkeit zu beweisen. Jedoch zahlt der Letztverbraucher dafür bei anderen Artikeln mehr, da der Einzelhändler gezwungen ist, von der Mischkalkulation Gebrauch zu machen.

3 Warenkalkulation

3.1 Vorwärtskalkulation

Bezieht der Einzelhändler von seinem Lieferer Ware, so muss er i. d. R. den Preis, mit dem er diese im Verkauf auszeichnet, neu berechnen. Aus dem Kaufvertrag ergeben sich Abzüge (z. B. Rabatt) und Zuschläge (z. B. Transportkosten). Der Buchführung entnimmt er die anfallenden Kosten (z. B. Geschäftsmiete, Personalkosten).

Daraus ergibt sich folgendes Kalkulationsschema:

Einkaufs-kalkulation	Listenpreis	LP	laut Preisliste bzw. Rechnung des Lieferers ohne Umsatzsteuer, da der Einzelhändler vorsteuer-abzugsberechtigt ist
	– Rabatt	R	im Kaufvertrag vereinbarter Preisnachlass z. B. für größere Abnahmemengen
	= Zieleinkaufspreis	ZEP	zu bezahlen, wenn Zahlungsziel in Anspruch genommen wurde
	– Skonto	S	im Kaufvertrag vereinbart für vorzeitige Zahlung
	= Bareinkaufspreis	BEP	zu diesem Preis steht die Ware beim Lieferer abholbereit
	+ Bezugskosten	BK	Transport- und Verpackungskosten lt. Rechnung
	= Bezugspreis (= Einstandspreis)	BP (EP)	zu diesem Preis wird die Ware beim Einzelhändler angeliefert
Verkaufs-kalkulation	+ Handlungskosten	HK	alle Kosten, die durch den Geschäftsbetrieb anfallen
	= Selbstkostenpreis	SKP	würde zu diesem Preis verkauft, hätte der Einzelhändler weder Gewinn noch Verlust
	+ Gewinn	G	Unternehmensziel des Kaufmanns
	= Nettoverkaufspreis	NVP	Verkaufspreis ohne Umsatzsteuer
	+ Umsatzsteuer	USt	Anteil des Staates
	= Bruttoverkaufspreis	BVP	Preis, mit dem die Ware ausgezeichnet wird

Sowohl im Bereich der Einkaufs- als auch im Bereich der Verkaufskalkulation ist es möglich, dass Zu- bzw. Abschläge in der Praxis entfallen. Dies trifft z. B. dann zu, wenn der Einzelhändler beim Einkauf von seinem Lieferanten keinen Rabatt eingeräumt erhält bzw. ihm dieser keinen Skonto für vorzeitige Zahlung gewährt. Es kann auch vorkommen, dass der Einzelhändler trotz Skontovereinbarung erst nach Ablauf des Zahlungszieles der Rechnung bezahlt, da er momentan nicht über genügend Mittel für die vorzeitige Zahlung verfügt.

Gewährt ein Einzelhändler einem Kunden einen prozentualen Preisnachlass (Rabatt oder Skonto), so mindert dieser den Gewinn des Einzelhändlers, da er in der Verkaufskalkulation nicht erfasst wird.

▶▶ **Situation:**

Dem Warenhaus Gaby Kern liegt nachfolgendes Angebot vor. Welchen Bruttoverkaufspreis erhalten wir, wenn wir mit 90 % Handlungskosten, 10 % Gewinn und 19 % Umsatzsteuer kalkulieren?

GROSSTEX AG

Am Main 10
63741 Aschaffenburg

Warenhaus
Gaby Kern KG
Maxplatz 30
90403 Nürnberg

Ihr Zeichen, Ihre Nachricht vom	Unser Zeichen	Telefon, Name	Datum
K/S 20..-12-29			20..-01-12

Angebot

Sehr geehrte Frau Kern,

Für Ihre Anfrage danken wir und bieten entsprechend unserer Preisliste an:

Skianzüge Snowstar zu 400,00 €/Stück

Bei einer Mindestabnahme von 40 Stück gewähren wir 20 % Rabatt, Zahlungsziel 3 Monate, bei Rechnungsausgleich innerhalb 14 Tagen 2 % Skonto. Für Transport- und Verpackungskosten ergibt sich ein Zuschlag von 4,40 €/Stück.

Wir freuen uns auf Ihre Bestellung.

Mit freundlichen Grüßen

Kaltenbach

Handelsregister
Aschaffenburg,
HRB 2760

Ansatz:

Listenpreis		400,00 €
– Rabatt	20 %	80,00 €
Zieleinkaufspreis		320,00 €
– Skonto	2 %	6,40 €
Bareinkaufspreis		313,60 €
+ Bezugskosten		4,40 €
Bezugspreis		318,00 €
+ Handlungskosten	90 %	286,20 €
Selbstkostenpreis		604,20 €
+ Gewinn	10 %	60,42 €
Nettoverkaufspreis		664,62 €
+ Umsatzsteuer	19 %	126,28 €
Bruttoverkaufspreis		**790,90 €**

1 → 2 3 →

Lösungsweg:

1. Kalkulationsschema aufstellen.
2. Angaben aus der Aufgabenstellung übernehmen.
3. Teilergebnisse mithilfe der Prozentrechnung errechnen. Jedes Zwischenergebnis sofort runden.
4. Bruchzahlen als Dezimalbruch mit allen Kommastellen in den Taschenrechner eingeben.

Aufgaben

1. Berechnen Sie die Bruttoverkaufspreise für die folgenden Waren bei 19 % Umsatzsteuer:

	a)	b)	c)	d)
Listenpreis/€:	420,00	760,00	620,00	1.190,00
Rabatt:	5 %	12 %	–	10 %
Skonto:	2 %	3 %	2,5 %	netto Kasse
Bezugskosten/€:	85,00	frei Haus	48,00	73,00
Handlungskosten:	95 %	82 %	78 %	66,5 %
Gewinn:	5 %	3 %	2,5 %	4,3 %

2. Wir kalkulieren in unserem Geschäft mit folgenden unterschiedlichen Aufschlagsätzen. Wie teuer ist jeweils eine Ware, die zum Preis von 180,00 € bezogen werden kann?

	Lebensmittel	*Textilien*	*Hartwaren*
Handlungskosten	48 %	67 %	82 %
Gewinn	3,2 %	6 %	9 %
Umsatzsteuer	7 %	19 %	19 %

3. Beim Einkauf eines Anzugs berechnet der Lieferer einen Listenpreis von 125,00 € und 5,47 € für Transport und Verpackung. Er gewährt 4,5 % Skonto und 25 % Rabatt. Wie hoch ist unser Bruttoverkaufspreis, wenn wir mit 80 % Handlungskosten, 5 % Gewinn und 19 % Umsatzsteuer rechnen?

4. Ein Waschmaschinenhersteller bietet an: Waschvollautomat, Listenpreis 580,00 €. Rabatt 20 %, Skonto 3 %, Bezugskosten 30,00 €. Wie hoch ist der Bruttoverkaufspreis des Einzelhändlers, wenn er mit 80 % Handlungskosten, 3 % Gewinn und 19 % Umsatzsteuer rechnet?

5. Ein Haushaltswarengeschäft kauft vom Großhändler die Topfserie „Windsor Blue" zum Listenpreis von 180,00 €, Rabatt 10 %, Skonto 2 %, Bezugskosten 31,24 €. Welchen Bruttoverkaufspreis erhält man bei 40 % Handlungskosten, 10 % Gewinn und 19 % Umsatzsteuer?

6. Für einen Kunden bezieht ein Küchenstudio eine Kücheneinrichtung zum Listenpreis von 11.400,00 €. Der Lieferant verkauft zu folgenden Bedingungen:
Rabatt 12,5 %, Skonto 3 %, Lieferkosten 5 % vom Bareinkaufspreis.
Wie teuer kommt die Kücheneinrichtung, wenn der Einzelhändler 65 % Handlungskosten, 8 % Gewinn und 19 % Umsatzsteuer aufschlägt?

7. Für ein Fitness-Body-Gerät verlangt der Hersteller 575,00 €, gewährt 3 % Skonto und berechnet 70,00 € Bezugskosten. Welchen Bruttoverkaufspreis errechnet ein Sportfachgeschäft für diese Fitness-Station, wenn es 90 % Handlungskosten, 15 % Gewinn und 19 % Umsatzsteuer veranschlagt?

8. Eine Stereoanlage verkauft der Hersteller dem Elektro-Fachhandel für 900,00 € und gewährt 30 % Rabatt und 2 % Skonto. Die Lieferung erfolgt frei Haus. Welcher Bruttoverkaufspreis ergibt sich bei 65 % Handlungskosten, 1 % Gewinn und 19 % Umsatzsteuer?

9. 20 Fahrräder gehen zu folgenden Bedingungen in die Kalkulation ein:

Listenpreis je Stück 298,00 €, Skonto 3 %, Bezugskosten insgesamt 408,80 €, Handlungskosten 85 %, Gewinn 18 % und 19 % Umsatzsteuer. Mit welchem Preis kann ein Fahrrad angeboten werden, wenn der Preis auf volle Euro abgerundet wird?

10. Von einem Winzer werden 600 Literflaschen Wein zu 2,30 €/Liter bezogen. Er gewährt 10 % Mengenrabatt und 2 % Skonto. Je Flasche fallen 0,20 € Bezugskosten und 0,05 € Flaschenpfand an.

a) Wie teuer wird die Sendung insgesamt, wenn mit 58 % Handlungskosten, 6 % Gewinn und 7 % Umsatzsteuer kalkuliert wird?

b) Welcher Preis ergibt sich für die Literflasche?

3.2 Rückwärtskalkulation

In der Praxis geschieht es sehr häufig, dass der Hersteller dem Einzelhändler den Bruttoverkaufspreis seiner Ware in Form eines empfohlenen Richtpreises vorgibt. Außerdem ist der Einzelhändler bei Einführung neuer Artikel gezwungen, mithilfe der Bruttoverkaufspreise der Mitbewerber und des Listenpreises seines Lieferanten zu errechnen, ob er konkurrenzfähig sein kann. In solchen Fällen rechnet er das Kalkulationsschema rückwärts, d. h. von unten nach oben durch.

▶▶ **Situation:**

Das Warenhaus Gaby Kern in Nürnberg erwägt die Aufnahme von Mountainbikes in das Sortiment. Um konkurrenzfähig zu sein, soll der Bruttoverkaufspreis 1.785,00 € nicht übersteigen. Zu welchem Listenpreis darf das Warenhaus beim Hersteller höchstens einkaufen, wenn es mit 19 % Umsatzsteuer, 20 % Gewinn, 66 2/3 % Handlungskosten und 71,00 € Bezugskosten rechnen muss? Der Hersteller gewährt 30 % Rabatt und 3 % Skonto.

▶ **Ansatz:**

LP		1.000,00 €				100 %
– R	30 %	300,00 €				30 %
ZEP		700 €			100 % →	70 %
– S	3 %	21,00 €			3 %	
BEP		679,00 €			97 %	
+ BK		71,00 €				
BP		750,00 €			100 %	
+ HK	66 2/3 %	500,00 €			66 2/3 %	
SKP		1.250,00 €		100 % →	166 2/3 %	
+ G	20 %	250,00 €		20 %		
NVP		1.500,00 €	100 % →	120 %		
+ USt	19 %	285,00 €	19 %			
BVP		1.785,00 €	119 %			

① ② (Pfeil von BVP nach oben zu LP)

▶ **Lösungsweg:**

① Angaben in das Kalkulationsschema eintragen.

② Vom Bruttoverkaufspreis zum Listenpreis rückwärts kalkulieren. Sofort nach jedem Rechenschritt runden.

③ Probe: durch Vorwärtskalkulation.

Aufgaben

1. In einer Sonderaktion möchten wir eine Hi-Fi-Anlage für 498,00 € anbieten.
   Welchen Bezugspreis müssen wir erzielen, wenn unsere Kalkulation 54 % Handlungskosten, 6,5 % Gewinn und 19 % Umsatzsteuer vorsieht?

2. Ein Likör steht zum Preis von 12,79 € im Verkaufsregal.
   Welcher Preis muss für eine Nachbestellung erzielt werden, wenn mit 48 % Handlungskosten, 4,5 % Gewinn und 7 % Umsatzsteuer kalkuliert wird?

3. Wir wollen in unser Sortiment hochwertige Reiseanzüge mit zwei Hosen zum Bruttoverkaufspreis von 398,00 € aufnehmen.
   Wie hoch darf der Listenpreis des Lieferanten sein, wenn wir von ihm $33\frac{1}{3}$ % Rabatt und 4 % Skonto erhalten? Außerdem müssen wir mit 7,20 € Bezugskosten, 60 % Handlungskosten, 12,5 % Gewinn und 19 % Umsatzsteuer rechnen.

4. Eine Nappalederjacke wird zu 156,00 € angeboten. Wie teuer war diese im Einkauf, wenn folgende Kalkulation durchgeführt wurde:
   Kalkulierter Bruttoverkaufspreis 155,85 €, Rabatt 5 %, Skonto 2 %, Bezugskosten je Jacke 2,52 €, Handlungskosten 60 %, Gewinn 10 % und 19 % Umsatzsteuer?

5. Ihr Betrieb möchte Digital-Mini-Camcorder ordern. Aus Konkurrenzgründen muss der Bruttoverkaufspreis 789,90 € betragen.
   Sie rechnen mit 35 % Handlungskosten, 8 % Gewinn und 19 % Umsatzsteuer. Wie hoch darf der Einstandspreis sein?

6. Wir möchten ein neues Damenparfüm zum aufgedruckten empfohlenen Verkaufspreis von 64,00 € verkaufen.
   Zu welchem Bezugspreis können wir es einkaufen, wenn mit 88 % Handlungskosten, 16 % Gewinn und 19 % Umsatzsteuer kalkuliert werden muss?

7. Eine Espressomaschine soll für 420,00 € inkl. 19 % Umsatzsteuer ausgezeichnet werden. Der Einzelhändler rechnet mit 10 % Gewinn und 40 % Handlungskosten.
   Wie hoch darf der Listenpreis des Lieferers höchstens sein, wenn dieser erfahrungsgemäß 30 % Rabatt und 2 % Skonto gewährt?

8. Wie viel Euro beträgt der Selbstkostenpreis, wenn das Warenhaus einen Staubsauger mit 159,00 € inkl. 19 % Umsatzsteuer auszeichnet und 12 % Gewinn ansetzt?

9. Eine Schurwolldecke kostet im Angebot der Konkurrenz 149,00 € (inkl. 19 % Umsatzsteuer). Welchen Listenpreis darf unser Lieferer höchstens verlangen, damit wir konkurrenzfähig anbieten können (Rabatt 20 %, Handlungskosten 68 %, Gewinn 12 %)?

10. Für eine einmalige Sonderaktion sollen Glühweinbecher für einen Weihnachtsbasar zu 2,00 €/Stück angeboten werden. Im Preis müssen 19 % Umsatzsteuer und 20 % Handlungskosten berücksichtigt werden. Auf Gewinn wird verzichtet. Es sollen 1 000 Becher beschafft werden. Außerdem fallen 170,00 € Bezugskosten an. Wie teuer kommt ein Becher im Einkauf?

11. Berechnen Sie den Listenpreis eines Koffer-Sets, das mit 240,00 € ausgezeichnet ist. Der Betrieb kalkuliert mit 6 % Gewinn, 60 % Handlungskosten und 19 % Umsatzsteuer. Die Bezugskosten betragen 18,91 €, Skonto 4 %, Rabatt 30 %.

3.3 Differenzkalkulation

Durch gelegentliche Konkurrenzgänge sind dem Einzelhändler die Bruttoverkaufspreise seiner Mitbewerber bekannt. Auch unverbindliche Preisempfehlungen der Hersteller beeinflussen die Preisgestaltung des Einzelhändlers.

Da er die Nachlässe und Aufschläge seines Lieferers kennt, muss er von Fall zu Fall errechnen, wie hoch der verbleibende Gewinn für einen bestimmten Artikel bei gegebenem Konkurrenzpreis ist. Auch andere Zu- und Abschläge können so berechnet werden.

Situation:

Ein Fachgeschäft für Elektrogeräte muss Staubsauger wie die Konkurrenz für 189,00 € verkaufen. Der Inhaber möchte wissen, wie viel Gewinn in Euro und Prozent erzielt wird, wenn der Listenpreis des Lieferers 102,00 € beträgt (Bezugskosten 14,60 €, Rabatt 20 %, Skonto 3 %, Handlungskosten 60 %, Umsatzsteuer 19 %).

Ansatz:

LP		102,00 €	↓ ①	
– R	20 %	20,40 €		
ZEP		81,60 €		
– S	3 %	2,45 €		
BEP		79,15 €		
+ BK		14,60 €		
BP		93,75 €		
+ HK	60 %	56,25 €		④
SKP	③	150,00 €	= 100 %	$x = \frac{100 \cdot 8{,}82}{150} = 5{,}88\ \%$
+ G		**8,82 €**	= x %	
NVP		158,82 €	↑ ②	
+ USt	19 %	30,18 €		
BVP		**189,00 €**		

Lösungsweg:

① Vom Listenpreis zum Selbstkostenpreis vorwärts kalkulieren.

② Vom Bruttoverkaufspreis zum Nettoverkaufspreis rückwärts kalkulieren.

③ Differenz ermitteln = Gewinn in Euro.

④ Differenz in Prozent mithilfe des Dreisatzes errechnen.

Aufgaben

1. Ein Lieferer berechnet beim Kauf von Inlineskatern 150,00 € pro Paar und gewährt 18 % Rabatt und $2\frac{1}{2}$ % Skonto.
   Wie viel Gewinn in Euro und Prozent ist zu erwarten, wenn wir aus Konkurrenzgründen einen Bruttoverkaufspreis von maximal 250,00 € ansetzen können (Handlungskosten 40 %, Umsatzsteuer 19 %)?

2. Ein Softwareprogramm hat vom Hersteller einen empfohlenen Verkaufspreis von 1.800,00 €. Der Händler berechnet einen Listenpreis von 1.100,00 €, 25 % Rabatt, 2 % Skonto und 25,00 € Bezugskosten.
   Ermitteln Sie den Gewinn in Prozent und Euro bei 80 % Handlungskosten und 19 % Umsatzsteuer.

3. Beim Bezug von Schnellkochtöpfen berechnet uns der Großhändler pro Stück einen Listenpreis von 70,00 €. Sein Rabatt beträgt 30 %. Wie viel Euro Gewinn erhalten wir, wenn bei 80 % Handlungskosten und 19 % Umsatzsteuer ein Bruttoverkaufspreis von 139,00 € angesetzt wird?

4. Im Kundenauftrag beschaffen wir eine exklusive Damenarmbanduhr im Gesamtwert von 9.980,00 €. Im Katalog des Großhändlers finden wir diese Uhr mit 6.280,00 €. Unsere Einkaufskonditionen bei diesem Großhändler sehen 15 % Rabatt vor. Skonto wird nicht gewährt. Für die Abholung beim Großhändler fallen 162,00 € Kosten an. Welchen Gewinn erzielen wir, wenn für Handlungskosten 45 % und für Umsatzsteuer 19 % anzusetzen sind?

5. Eine Hi-Fi-Anlage hat vom Hersteller einen empfohlenen Verkaufspreis von 1.148,00 € (Katalogpreis). Da ein Warenhaus diese Anlage für 998,00 € anbietet, versuchen wir gemeinsam mit einigen Kollegen, über eine größere Bestellmenge ebenfalls zu diesem Preis anbieten zu können. Welchen Rabatt vom Katalogpreis müssen wir vom Lieferanten erzielen, wenn wir mit 35 % Handlungskosten, 5 % Gewinn und 19 % Umsatzsteuer kalkulieren müssen? Skonto wird vom Hersteller nicht gewährt, Bezugskosten fallen nicht an.

6. Ein Mountainbike wurde für 220,00 € bezogen.
   a) Welcher kalkulierte Verkaufspreis ergibt sich, wenn folgende Zuschlagsätze zu berücksichtigen sind: Handlungskosten 48 %, Gewinn 7,5 %, Umsatzsteuer 19 %?
   b) Das Fahrrad steht bei uns mit 398,00 € im Verkaufsraum. Die Preisdifferenz zum kalkulierten Verkaufspreis muss über den Gewinn aufgefangen werden. Wie hoch ist dieser jetzt in Euro und Prozent?

3.4 Vereinfachung der Kalkulation

Im Bereich der Verkaufskalkulation werden gleichartige Artikel über einen gewissen Zeitraum mit den gleichen prozentualen Aufschlägen (= Handlungskosten, Gewinn, Umsatzsteuer) kalkuliert. Aus Gründen der Arbeitsvereinfachung fasst der Einzelhändler diese in einer einmaligen Rechnung zu einem Prozentsatz zusammen und spart sich somit für alle zukünftigen Kalkulationen mehrere Rechengänge.

▶▶ **Situation:**
Der Bezugspreis für ein Kellerregal beträgt 100,00 €. Wir kalkulieren mit 50 % Handlungskosten, 20 % Gewinn und 19 % Umsatzsteuer. Wie viel Euro beträgt der Bruttoverkaufspreis?

3.4.1 Kalkulationszuschlag (Kalkulationsaufschlag)

Mithilfe des Kalkulationszuschlages (KZ) ist es dem Kaufmann möglich, in einem Rechenschritt aus dem Bezugspreis den Bruttoverkaufspreis zu errechnen.

▶▶ **Situation:**

Ein Betrieb kalkuliert mit folgenden Werten: Handlungskosten 50 %, Gewinn 20 %, Umsatzsteuer 19 %. Wie viel Prozent beträgt der Kalkulationszuschlag?

▶ **Ansatz:**

Kalkulation:

BP		100,00 €
+ HK	50 %	50,00 €
SKP		150,00 €
+ G	20 %	30,00 €
NVP		180,00 €
+ USt	19 %	34,20 €
BVP		**214,20 €**

❶ (↓ von BP zu BVP)

Vereinfachung mit KZ:

BP	100 %	100,00 €
+ KZ	114,20 %	114,20 €
BVP		**214,20 €**

❹ ↑ rechnen mit dem KZ

Berechnung des KZ:

100,00 €	=	100 %	❷
(214,20 € – 100,00 €)	=	x %	❸a)

$$x = \frac{114{,}20 \cdot 100}{100} = \underline{\underline{114{,}20\,\%}}$$ ❸b)

▶ **Lösungsweg:**

Berechnung des Kalkulationszuschlags (KZ):

❶ Vom Bezugspreis zum Bruttoverkaufspreis kalkulieren.

❷ Bezugspreis: 100,00 € = 100 %.

❸a) Mithilfe des Dreisatzes die Euro-Differenz zwischen Bezugspreis und Bruttoverkaufspreis in Prozent umrechnen = KZ.

❸b) Aus dem Bruchstrich des Dreisatzes wird die Formel für den KZ abgeleitet:

$$KZ = \frac{(BVP - BP) \cdot 100}{BP}$$

Rechnen mit dem KZ:

❹ Vom Bezugspreis (= 100 %) mit ermitteltem KZ (in Prozent) vorwärts zum Bruttoverkaufspreis kalkulieren.

Aufgaben

1. Der Bezugspreis für einen Damenmantel beträgt 210,00 €. Der Betrieb rechnet mit 90 % Handlungskosten, 5 % Gewinn und 19 % Umsatzsteuer. Wie viel Prozent beträgt der Kalkulationszuschlag?

2. Der Bezugspreis für eine Minidisc beträgt 2,80 €. Wie hoch liegt der Bruttoverkaufspreis bei einem Kalkulationszuschlag von 92 %?

3. Der Hersteller von Sportschuhen liefert das Paar zu 48,00 € frei Haus. Wie hoch ist der Kalkulationszuschlag, wenn das Schuhfachgeschäft mit 50 % Handlungskosten, 3 % Gewinn und 19 % Umsatzsteuer rechnet?

4. Ein Einzelhändler kalkuliert mit einem Kalkulationszuschlag von 62,5 %. Mit welchem Preis muss er ein Küchengerät auszeichnen, das er zu einem Bezugspreis von 46,80 € eingekauft hat?

5. Wie viel kostet eine Kaffeemaschine im Verkauf, wenn der Lieferer einen Listenpreis von 20,00 € und 3,60 € Bezugskosten berechnet und 20 % Rabatt gewährt? Unser Kalkulationszuschlag beträgt 163 %.

6. Wie viel Euro beträgt der Kalkulationszuschlag von 120 % für einen Akku-Schrauber bei einem Bezugspreis von 150,00 €?

7. Wie viel Prozent beträgt der Kalkulationszuschlag für einen Discman, wenn mit 85 % Handlungskosten, 12 % Gewinn und 19 % Umsatzsteuer zu kalkulieren ist?

8. Eine Digitalkamera kostet im Einkauf 348,00 €.

a) Mit welchem Bruttoverkaufspreis wird sie ausgezeichnet, wenn im Geschäft mit einem Kalkulationszuschlag von 108 % kalkuliert wird?

b) Welcher Kalkulationszuschlag ergibt sich, wenn diese Kamera aus Wettbewerbsgründen mit 698,00 € im Schaufenster gezeigt wird?

9. Zum Schulanfang kauft ein Schreibwarengeschäft umweltfreundliche Schultaschen ein. Der Fachhandel bietet zu folgenden Konditionen an: Preis laut Preisliste 42,80 €, 5 % Rabatt, 2 % Skonto. Beim Bezug von 40 Stück dieser Ware fallen Bezugskosten von 32,00 € an.

Zu welchem Preis können die Schultaschen angeboten werden, wenn mit einem Kalkulationszuschlag von 112 % kalkuliert wird?

3.4.2 Kalkulationsfaktor

Drückt man den Kalkulationszuschlag als Multiplikator aus, so erhält man den Kalkulationsfaktor. Man sucht also eine Zahl, die man mit dem Bezugspreis multipliziert, um den Bruttoverkaufspreis zu berechnen.

Ansatz:

Je nachdem, welche Zahlen bekannt sind, wendet der Kaufmann folgende Formel an:

$$\mathbf{KF} = \frac{BVP}{BP} \quad \text{oder} \quad \mathbf{KF} = \frac{KZ + 100}{100}$$

Lösungsweg:

Berechnung des Kalkulationsfaktors (KF):

Mit den Zahlen des Eingangsbeispieles ergibt sich:

$$\mathbf{KF} = \frac{208{,}80}{100} = 2{,}088 \quad \text{oder} \quad \mathbf{KF} = \frac{108{,}0 + 100}{100} = 2{,}088$$

Rechnen mit dem KF:

Multipliziert man einen beliebigen Bezugspreis mit dem Kalkulationsfaktor, so erhält man den Bruttoverkaufspreis.

$$\mathbf{BVP} = BP \cdot KF$$

z. B.: BVP = 100 · 2,088 = 208,80 €

- **Der Kalkulationsfaktor erhält keine Benennung.**
- **Ergibt sich kein gerader Wert, sollte mit mindestens drei Nachkommastellen gerechnet werden.**

Aufgaben

1. Ein Weindepot bezieht griechischen Rotwein für 12,50 € pro Karton. Mit wie viel Euro wird er ausgezeichnet, wenn man mit einem Kalkulationsfaktor von 2,36 rechnet?
2. Wie hoch ist der Kalkulationsfaktor, wenn eine Parfümerie mit einem Kalkulationszuschlag von 96 % rechnet?
3. Der Bezugspreis für Textmarker beträgt 0,35 €. Wie viel Euro kostet die Ware im Verkauf bei einem Kalkulationsfaktor von 1,3?
4. Berechnen Sie den Kalkulationsfaktor eines Blumengeschäftes bei einem Kalkulationszuschlag von 125 %.
5. Ein Schreibwarengeschäft kauft einen Spiralblock für 0,59 € ein und zeichnet ihn mit 1,49 € aus. Wie hoch ist der Kalkulationsfaktor?
6. Ein Lieferer bietet die Tafel Schokolade für 0,35 € an, gewährt 15 % Rabatt und 3 % Skonto. Unser Kalkulationsfaktor beträgt 1,9. Wie hoch liegt der Bruttoverkaufspreis?
7. Welcher Kalkulationsfaktor ergibt sich, wenn der Bezugspreis für Blumenkohl 0,28 € und der Bruttoverkaufspreis 0,59 € betragen?

8. Ein Angebot eines Lieferanten über Trekkingschuhe lautet:

Bei Abnahme von 100 Paar sortiert: Preis pro Paar 64,00 €, Rabatt 8 %, Skonto 2,5 %, Lieferung frei Haus. In der Sportabteilung wird mit einem Kalkulationsfaktor von 2,1 kalkuliert.

a) Wie viel wird ein Paar Trekkingschuhe im Verkauf mindestens kosten?

b) Zu welchem Preis könnten die Schuhe im Schaufenster stehen?

3.4.3 Handelsspanne

Mithilfe der Handelsspanne ist es dem Kaufmann möglich, in einem Rechenschritt aus dem Nettoverkaufspreis den Bezugspreis zu errechnen.

▶▶ **Situation:**

Für eine Bandschleifmaschine ermittelt ein Fachmarkt einen Nettoverkaufspreis von 100,00 €. Die Handlungskosten werden mit 66⅔ %, der Gewinn mit 25 % angesetzt. Wie viel Euro beträgt der Bezugspreis und wie viel Prozent beträgt die Handelsspanne?

▶ **Ansatz:**

Rückwärtskalkulation: (1)

BP		48,00 €
HK	66⅔ %	32,00 €
SKP		80,00 €
G	25 %	20,00 €
NVP		**100,00 €**

Berechnung der HS:

100,00 €	≙ 100 %	(2)
(100,00 € − 48,00 €)	≙ x %	(3a)

$x = \frac{100 \cdot 52}{100} = \underline{\underline{52\ \%}}$ (3b)

Vereinfachung mit HS:

NVP	100 %	100,00 €
– HS	52 %	52,00 €
BP		**48,00 €**

(4) rechnen mit der HS

▶ **Lösungsweg:**

Berechnen der Handelsspanne (HS):

(1) Vom Nettoverkaufsspreis rückwärts zum Bezugsspreis kalkulieren.

(2) Nettoverkaufsspreis: 100,00 € = 100 %.

(3a) Mithilfe des Dreisatzes die €-Differenz zwischen Nettoverkaufsspreis und Bezugspreis in Prozent umrechnen = HS.

(3b) Aus dem Bruchstrich des Dreisatzes wird die Formel für den HS abgeleitet:

$$\textbf{HS} = \frac{(NVP - BP) \cdot 100}{NVP}$$

Rechnen mit der Handelsspanne:

(4) Vom Nettoverkaufsspreis (= 100 %) mit ermittelter HS (in Prozent) rückwärts zum Bezugspreis kalkulieren.

9

Aufgaben

1. Wie hoch ist die Handelsspanne in Euro und Prozent für Öko-Wandfarbe bei einem Bezugspreis von 10,40 € und einem Nettoverkaufspreis von 21,95 €?

2. Wie viel Euro beträgt der Bezugspreis für T-Shirts, wenn der Nettoverkaufspreis 12,95 € und die Handelsspanne 35 % betragen?

3. Der Bruttoverkaufspreis eines Fahrrades lautet über 359,90 €. Wie viel Euro beträgt der Bezugspreis bei einer Handelsspanne von 29,3 %?

4. Errechnen Sie die Handelsspanne für Schmuckwaren, wenn der Bezugspreis eines Armbandes 259,00 € beträgt; Handlungskosten 85 %, Gewinn 18 %, Umsatzsteuer 19 %.

5. Ein Computer steht bei einem Mitbewerber zu einem Preis von 799,50 € im Schaufenster. Welchen Bezugspreis für den gleichen Computer müssen wir erzielen, wenn wir mit 19 % Umsatzsteuer und 45 % Handelsspanne kalkulieren?

6. Mit welcher Handelsspanne kalkuliert ein Unternehmen, das eine Ware für 180,00 € einkauft und (einschließlich 19 % Umsatzsteuer) für 368,00 € verkauft?

7. Wie viel Euro beträgt der Bezugspreis für ein Paar Skier, wenn ein Sporthändler mit 19 % Umsatzsteuer und einer Handelsspanne von 33,5 % rechnet und die Ware mit 289,90 € ausgezeichnet war?

8. Berechnen Sie den Listenpreis für 1 Paar Damenstiefel. Bruttoverkaufspreis 89,90 €, Umsatzsteuer 19 %, Handelsspanne 37,1 %. Der Lieferer gewährt 30 % Rabatt und berechnet 2,80 € für Transport und Verpackung.

9. Berechnen Sie die Handelsspanne für 12,5 % Gewinn und 60 % Handlungskosten.

3.4.4 Kalkulationsabschlag

Mithilfe des Kalkulationsabschlages ist es dem Kaufmann möglich, in einem Rechenschritt aus dem Bruttoverkaufspreis den Bezugspreis zu errechnen.

Situation:

Der Konkurrent eines Wein-Depots bietet den Karton Öko-Wein zum Bruttoverkaufspreis von 96,30 € an. Welchen Bezugspreis kann das Wein-Depot an den Winzer maximal bezahlen, um konkurrenzfähig zu sein (Handlungskosten 60 %, Gewinn 12,5 %, Umsatzsteuer 7 %)?

Ansatz:

Rückwärtskalkulation: (1)

BP		50,00 €
HK	60 %	30,00 €
SKP		80,00 €
G	12,5 %	10,00 €
NVP		90,00 €
USt	7 %	6,30 €
BVP		**96,30 €**

Vereinfachung mit KA:

BVP	100 %	96,30 €
– KA	48,08 %	46,30 €
BP		**50,00 €**

(4) rechnen mit dem HS

Berechnung des KA:

96,30 € ≙ 100 % (2)

(96,30 € – 50,00 €) ≙ x % (3a)

$$x = \frac{100 \cdot 46,30}{96,30} = 48,078\,\% \approx \underline{48,08\,\%}$$ (3b)

Lösungsweg:

Berechnen der Kalkulationsabschlages (KA):

(1) Vom Bruttoverkaufsspreis rückwärts zum Bezugsspreis kalkulieren.

(2) Bruttoverkaufsspreis: 96,30 € = 100 %.

(3a) Mithilfe des Dreisatzes die €-Differenz zwischen Bruttoverkaufsspreis und Bezugspreis in Prozent umrechnen = KA.

(3b) Aus dem Bruchstrich des Dreisatzes wird die Formel für den KA abgeleitet:

$$KA = \frac{(BVP - BP) \cdot 100}{BVP}$$

(3c) Sind KZ und KF bekannt, ist es auch möglich, den KA mit folgender Formel zu berechnen:

$$KA = \frac{KZ}{KF}$$

Rechnen mit dem Kalkulationsabschlag:

(4) Vom Bruttoverkaufsspreis (= 100 %) mit ermitteltem KA (in Prozent) rückwärts zum Bezugspreis kalkulieren.

9

Aufgaben

1. Ein Textilfachgeschäft verkauft ein Badetuch zum Bruttoverkaufspreis von 39,90 €. Wie viel Prozent beträgt der Kalkulationsabschlag bei einem Bezugspreis von 17,00 €?

2. Wie viel Euro betrug der Bezugspreis für Damenstrumpfhosen (Bruttoverkaufspreis 2,95 € und Kalkulationsabschlag 70 %)?

3. In einem Schreibwarengeschäft werden Schnellhefter für 0,33 € das Stück angeboten. Berechnen Sie den Kalkulationsabschlag in Prozent, wenn der Bezugspreis 0,11 € beträgt.

4. Ein Hausratgeschäft bietet ein Wischmop-Set aus Mop und Eimer für 12,90 € an. Wie viel Euro beträgt der Bezugspreis, wenn mit einem Kalkulationsabschlag von 53,5 % zu rechnen ist?

5. Welcher Kalkulationsabschlag entspricht einem Kalkulationszuschlag von 115 %?

6. Ein Artikel wird vom Mitbewerber am Ort zu 398,00 € angeboten. Zu welchem Preis müssen wir den gleichen Artikel einkaufen, wenn wir den Preis des Konkurrenten um 20,00 € unterbieten wollen und mit einem Kalkulationsabschlag von 55 % kalkulieren?

7. Ein Lieferant hat eine Ware zu 44,80 € angeboten. Welche Preissenkung müssen wir durch größere Abnahmemengen erzielen, wenn wir diese Ware als Eröffnungsangebot für 98,00 € verkaufen wollen und im Betrieb mit einem Kalkulationsabschlag von 58 % kalkuliert wird?

3.4.5 Bezugskostenverteilung

Beim Bezug von Waren hat in der Regel der Einzelhändler die dafür anfallenden Kosten (= Spesen) zu tragen. Enthält eine Lieferung mehrere verschiedene Warenposten, so ergibt sich das Problem, dass man für die Kalkulation die Spesen auf die einzelnen Waren aufteilen muss. Das geschieht durch die Bezugskostenverteilung (auch zusammengesetzte Bezugskalkulation genannt). Man unterscheidet dabei

Wertspesen und	**Gewichtsspesen**
▶ Versicherung ▶ Provision ▶ Zoll ▶ Bankspesen Wertspesen werden nach dem Wert der Ware umgelegt.	▶ Fracht ▶ Verladekosten ▶ Hausfracht ▶ Verpackung Gewichtsspesen werden nach dem Gewicht bzw. der Stückzahl verteilt.

▶▶ **Situation:**
Ein Fachgeschäft bezieht von einem Großhändler 50 kg isländische Krabben zu 15,00 € je kg und 100 kg norwegische Krabben zu 12,00 € je kg. Als Fracht und Hausfracht werden 300,00 €, als Transportversicherung 80,00 € in Rechnung gestellt. Wie viel Euro beträgt der Bezugspreis jeder Sorte?

▶ **Ansatz: Verteilung der Gewichtsspesen:** 1a)

	Menge	Teile	Wertspesen	Verteilung
isl. Kr.	50 kg	1	**100,00 €** ←	· 1
norw. Kr.	100 kg	2	**200,00 €** ←	· 2
		3	300,00 €	
		1	300,00 : 3 = 100,00	

Verteilung der Wertspesen: 1b)

	Menge	Preis	Wert	Teile	Wertspesen	Verteilung
isl. Kr.	50 kg	15,00 €	750,00 €	5	**30,77 €** ←	· 5
norw,. Kr.	100 kg	12,00 €	1.200,00 €	8	**49,23 €** ←	· 8
				13	80,00 €	
				1	80,00 : 13 = 6,15385	

Berechnung des Bezugspreises: 4

		isl. Kronen	norw. Kronen
Bareinkaufspreis		750,00 €	1.200,00 €
+ Gewichtsspesen	} = Bezugs-	100,00 €	200,00 €
+ Wertspesen	kosten	30,77 €	49,23 €
= **Bezugspreis**		880,77 €	1.449,23 €

▶ **Lösungsweg:**

1. Aufteilung der a) Gewichts- und
   b) Wertspesen auf die Waren mithilfe der Verteilungsrechnung.
2. Gewichtsspesen werden nach dem Bruttogewicht, Wertspesen nach dem Rechnungspreis (Zieleinkaufspreis) aufgeteilt.
3. **Achtung!** Sind die Spesen nicht ohne Rest teilbar, so rechnet man mit 5 Stellen hinter dem Komma weiter.
4. Bareinkaufspreis + Gewichtsspesen + Wertspesen = Bezugspreis

Aufgaben

1. Ein Feinkostgeschäft bezieht vom Winzer Frankenwein: 500 Literflaschen Silvaner zum Preis von 4,50 € je Flasche und 300 Literflaschen Riesling zum Preis von 6,40 € je Flasche. Die Gewichtsspesen betragen 120,00 €, die Wertspesen 25,00 €.
Ermitteln Sie die Bezugskosten für jede Weinsorte.

2. Ein Einzelhändler bezieht drei Warenarten:

Sorte 1: 6,00 € je kg, 50 kg
Sorte 2: 8,00 € je kg, 30 kg
Sorte 3: 10,00 € je kg, 100 kg

Folgende Spesen werden in Rechnung gestellt: Fracht 160,00 €, Hausfracht 15,00 €, Versicherung 12,00 €, Bankspesen 3,90 €, Verpackung 90,00 €, Zoll 400,00 €. Berechnen Sie die Bezugskosten jeder Sorte.

3. Zwei verschiedene Waren werden in einer Sendung bezogen:
Ware I: 320 kg zu 4,80 €/kg
Ware II: 440 kg zu 5,30 €/kg
Beim Bezug der Ware fallen Wertspesen von 241,50 € und Gewichtsspesen von 570,00 € an. Berechnen Sie den Bezugspreis insgesamt und je kg.

4. Drei verschiedene Waren werden in einer Sendung bezogen:
Ware I: 40 Stück zu 28,00 €/Stück
Ware II: 60 Stück zu 35,00 €/Stück
Ware III: 30 Stück zu 72,00 €/Stück
Beim Bezug der Ware fallen Wertspesen von 538,00 € und Gewichtsspesen von 81,25 € an. Die Gewichtsspesen sind nach der Menge der bezogenen Ware, die Wertspesen nach ihrem Wert umzulegen. Berechnen Sie den Bezugspreis insgesamt und je Stück.

5. Zur Erweiterung des Sortiments bezieht ein Süßwarengeschäft
- 700 Packungen Pralinen „Feine Mischung" zu 3,00 € je 250 g und
- 500 Packungen Pralinen „Exquisitmischung" zu 3,50 € je 250 g.

Verteilen Sie die folgenden Spesen und ermitteln Sie den Bezugspreis: Fracht 70,00 €, Hausfracht 15,00 €, Versicherung 12,00 €, Provision 55,00 €.

Übersicht Warenkalkulation

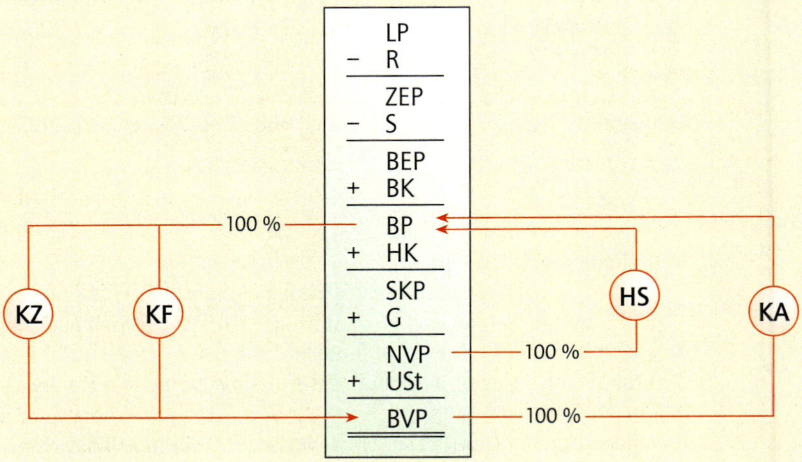

$$KZ = \frac{(BVP - BP) \cdot 100}{BP}$$

$$HS = \frac{(NVP - BP) \cdot 100}{NVP}$$

$$KF = \frac{BVP}{BP} = \frac{KZ + 100}{100}$$

$$KA = \frac{(BVP - BP) \cdot 100}{BVP} = \frac{KZ}{KF}$$

Vermischte Aufgaben

1. Wie viel Gewinn bringt eine Lederjacke, die für 998,00 € ausgezeichnet wird, 60 % Handlungskosten und 19 % Umsatzsteuer verursacht? Der Hersteller liefert für 600,00 € abzüglich 33 1/3 % Rabatt.

2. Ein Einzelhändler kalkuliert mit folgenden Zuschlagsätzen:

- Handlungskostensatz 76 %
- Gewinnzuschlag 9 %
- Umsatzsteuer 19 %

Berechnen Sie den Kalkulationszuschlag und den Kalkulationsfaktor.

3. Der Bruttoverkaufspreis einer Ware beträgt 399,00 €. Berechnen Sie den

- Bezugspreis,
- Kalkulationszuschlag,
- Kalkulationsfaktor,
- Kalkulationsabschlag

bei einer Handelsspanne von 48 % und einem Umsatzsteuersatz von 19 %.

4. Eine Küchenmaschine wird zum Bruttoverkaufspreis von 98,00 € inkl. 19 % Umsatzsteuer verkauft. Der Betrieb kalkuliert mit 80 % Handlungskosten und 2 % Gewinn. Wie viel Euro beträgt der Listenpreis, wenn der Lieferer 18 % Rabatt gewährt?

5. Für eine Werbeaktion kauft ein CD-Shop CDs zum Listenpreis von 8,00 €. Der Hersteller gewährt 40 % Rabatt und liefert frei Haus. Wie viel Euro beträgt der Bruttoverkaufspreis, wenn mit 30 % Handlungskosten und 19 % Umsatzsteuer gerechnet wird? Der Verkauf erfolgt zum Selbstkostenpreis.

6. Der Kalkulationszuschlag einer Ware wird mit 92 % angesetzt.

Wie viel Prozent betragen Handelsspanne und Kalkulationsabschlag (Umsatzsteuer 19 %)?

7. Berechnen Sie aus den folgenden Zuschlagsätzen den Kalkulationszuschlag, den Kalkulationsfaktor, die Handelsspanne und den Kalkulationsabschlag. (Nehmen Sie einen Bezugspreis von 100,00 € an.)

	a)	b)	c)
Handlungskosten	70 %	65 %	80 %
Gewinn	5 %	12 %	6 %
Umsatzsteuer	7 %	19 %	7 %

8. Welchen Gewinn in Euro und Prozent erzielt ein Baumarkt beim Einkauf einer Heimwerker-Drehbank im Kundenauftrag?

Mit dem Kunden war ein Preis von 790,00 € vereinbart worden. Bei der Nachkalkulation des Artikels ergeben sich:

Listenpreis 340,00 €, Skonto 2,5 % und Bezugskosten von 18,50 €.

Die Handlungskosten werden mit 75 % angesetzt, außerdem sind 19 % Umsatzsteuer zu berücksichtigen.

9. Zwei Artikel werden im Kaufhaus angeliefert:

Ware 1: 160 kg zu 12,90 € je kg

Ware 2: 240 kg zu 24,05 € je kg

Fracht 265,00 €, Hausfracht 30,00 €, Versicherung 94,00 €, Bankspesen 4,00 €. Wie viel Euro beträgt der Bezugspreis jeder Ware, wenn der Lieferer 20 % Rabatt und 3 % Skonto gewährt?

10. Folgende Zahlen stammen aus einer Kalkulation:

Listenpreis	600,00 €
Selbstkostenpreis	800,00 €
Zieleinkaufspreis	480,00 €
Nettoverkaufspreis	880,00 €
Bareinkaufspreis	468,00 €
Bruttoverkaufspreis	1.047,20 €
Bezugspreis	500,00 €

a) Welche Preisnachlässe (Rabatt, Skonto) wurden berücksichtigt?

b) Welche Zuschlagsätze (Handlungskosten, Gewinn, USt) wurden angewandt?

c) Berechnen Sie Kalkulationszuschlag, Kalkulationsfaktor, Handelsspanne und Kalkulationsabschlag.

11. Der Kalkulationsfaktor einer Ware beträgt 1,5, der Bruttoverkaufspreis 250,00 €. Berechnen Sie Bezugspreis, Kalkulationszuschlag und Kalkulationsabschlag.

12. Ein Lebensmitteleinzelhändler kauft für Weihnachten nach einem Angebot seines Lieferanten ein:

800 kg einfache Nürnberger Lebkuchen je 6,30 €/kg, 25 % Rabatt, 2,5 % Skonto, Versandkosten 74,50 €.

a) Berechnen Sie den Bareinkaufspreis.
b) Welcher Bezugspreis ergibt sich?
c) Wie teuer ist ein Kilogramm Lebkuchen im Verkauf, wenn mit 40 % Handlungskosten, 5 % Gewinn und 7 % Umsatzsteuer kalkuliert wird?

13. Die Konkurrenz bietet im Sonderangebot einen Elektroherd für 304,68 € inkl. 19 % Umsatzsteuer an. Wir kalkulieren mit 3 % Gewinn und 55 % Handlungskosten. Unser Lieferer gewährt 25 % Rabatt und 2 % Skonto bei einem Listenpreis von 210,00 €. Um wie viel Euro ist der rechnerische Listenpreis höher als der unseres Lieferers?

14. Ein Lebensmittelhändler bezieht Ravioli in Dosen zum Listenpreis von 1,30 €, 10 % Rabatt und $3^1/_2$ % Skonto. Als unverbindliche Preisempfehlung gibt er auf der Dose 1,90 € an. Wie hoch ist sein Gewinn in Euro bei 30 % Handlungskosten und 7 % Umsatzsteuer?

15. Die Handelsspanne einer Ware beträgt 45 %, die Umsatzsteuer 19 %. Berechnen Sie:

- Kalkulationszuschlag,
- Kalkulationsfaktor,
- Kalkulationsabschlag.

16. In einem Lebensmittelgeschäft ist Parmaschinken mit 19,90 € pro kg ausgezeichnet. Die Umsatzsteuer beträgt 7 %, Gewinn 3,5 %, Handlungskosten 80 %. Der Lieferant gewährt 3 % Skonto. Zu welchem Listenpreis bietet er an?

17. Der Bezugspreis für ein Paar Herrenhalbschuhe lag bei 65,00 €. Die Bezugskosten betrugen 2,30 €, Skonto 2,5 %, Rabatt 40 %. Für wie viel Euro wurde es vom Hersteller angeboten?

18. Ein Kaufmann kalkuliert in seinem Geschäft mit einem Kalkulationsfaktor von 2,07. Berechnen Sie für diesen Faktor den entsprechenden Kalkulationszuschlag, die Handelsspanne und den Kalkulationsabschlag.

19. Ein Fabrikant bietet Herrenarmbanduhren zum Stückpreis von 28,00 € bei einer Mindestabnahme von 100 Stück an. An Bezugskosten entstehen 1,80 € je Stück. Wir kalkulieren mit 85 % Handlungskosten, 18 % Gewinn und 19 % Umsatzsteuer.

a) Welcher Bruttoverkaufspreis ergibt sich?
b) Wir versuchen den Anbieter durch Abnahme der doppelten Menge im Preis so zu drücken, dass der Verkauf einer Uhr zu 69,00 € möglich ist. Welchen Listenpreis je Stück müssen wir erzielen?

20. Der Kalkulationsabschlag einer Ware wird mit 58 % angegeben bei einem Umsatzsteuersatz von 7 %. Berechnen Sie Handelsspanne und Kalkulationszuschlag.

21. Ein Lebensmitteleinzelhändler kalkuliert den Einkauf von 20 Kartons à 6 Flaschen Sekt.

a) Welchen Verkaufspreis ermittelt er für die Flasche, wenn folgende Konditionen zu berücksichtigen sind: Listenpreis 6,90 € je Flasche, Skonto 3 %, Bezugskosten je Karton 4,00 €? Im Geschäft fallen folgende Zuschlagsätze an: 40 % Handlungskosten, 8 % Gewinn und 7 % Umsatzsteuer.
b) Welcher Gewinn bleibt dem Einzelhändler, wenn der übersehen hat die Rechnung pünktlich zu bezahlen und deshalb nicht mehr berechtigt ist, Skonto abzuziehen? Die Ware ist bereits zum ursprünglich kalkulierten Preis im Regal.

22. Der Kalkulationsfaktor wird mit 2,03 angegeben, der Bezugspreis mit 70,00 €. Wie viel Euro beträgt der Bruttoverkaufspreis für diesen Artikel?

Lernfeld 10

Besondere Verkaufssituationen bewältigen

1 Kundenverhalten

Um ein möglichst individuelles Verkaufsgespräch führen zu können, ist es wichtig, sich psychologische Kenntnisse über Verhaltensweisen der verschiedenen Kundengruppen anzueignen.

Schon der griechische Arzt Hippokrates von Kos (460–377 v. Chr.) teilte die vorherrschenden Eigenschaften des Gefühls- und Antriebslebens der Menschen in vier Temperamentsarten ein, die die jeweilige Grundlage des Charakters bilden.

- **Choleriker:**
  emotional leicht ansprechbar, reagiert heftig und affektiv, rasch und intensiv, ist schnell beleidigt, aber nicht nachtragend
- **Melancholiker:**
  oft verzagt gestimmt, schwermütig, zeigt langsames Reagieren, erscheint sehr ichbezogen
- **Phlegmatiker:**
  ist emotional schwer ansprechbar, zeigt langsame und ruhige Gefühlsreaktionen, kann sich oft schwer entscheiden
- **Sanguiniker:**
  geringe Gefühlstiefe, lebhafte Beweglichkeit, kontakt- und redefreudig, leicht verstimmbar

Es ist zu bemerken, dass selten ein reines Temperament bei einem Menschen vorherrscht. In der Regel dominiert ein Temperament und situationsbedingt „erscheint" ein anderes Temperament mit.

Melancholiker

Sanguiniker

Phlegmatiker

Choleriker

1.1 Kundengruppen

Sie werden in Ihrer Praxis als Verkäufer merken, dass sich viele Verhaltensweisen wiederholen oder ähnlich sind und dass die Einteilung nach Temperamenten nur eine Möglichkeit der Zuordnung ist. Andere Kriterien sind nachstehende Kundengruppen:

- Männer/Frauen
- Kinder/Jugendliche/Senioren
- Kranke/Behinderte
- Ausländer
- Kunden in Begleitung (siehe Kap. 2)

Innerhalb dieser Gruppen gibt es selbstverständlich Kombinationsmöglichkeiten, wie z. B.:

- eine ausländische Frau,
- ein behinderter Senior,
- eine behinderte Frau in Begleitung usw.

1.1.1 Männer – Frauen

- Frauen haben geschlechtsspezifischen Bedarf (z. B. Hygieneartikel, Kosmetika, Kleidungsstücke);
- Hausfrauen kaufen preisbewusst;
- Frauen haben häufig größere Einkaufserfahrung, sie sind wählerisch und sachkundig;
- beim Einkauf von Waren für die Lebensführung fehlt Männern meistens die notwendige Erfahrung;
- Männer haben mehr Erfahrung beim Kauf von technischen Waren.

1.1.2 Kinder – Jugendliche – Senioren

Kinder

- sind unsere Kunden von morgen;
- um Hemmungen und Ängste abzubauen, grüßen wir Kinder freundlich und sprechen sie möglichst mit Vornamen an;
- wir bedienen Kinder in der Reihenfolge (oft werden sie übersehen);
- wir verpacken die Ware sorgfältig und übergeben Kassenbon und Wechselgeld so, dass nichts verloren geht;
- wir sprechen mit dem Kind, z. B. „Wie heißt denn dein Teddy?";
- falls möglich, geben wir kleine Geschenke mit (Bonbon, kleines Spielzeug).

Jugendliche

- kaufen meist preisbewusst,
- achten besonders bei Bekleidung auf Markenprodukte,
- sind in der Gruppe oft laut und provokant.

Senioren

- fühlen sich besonders wohl, wenn sie merken, dass wir sie verständnisvoll und entgegenkommend behandeln und wenn wir Zeit für sie finden (persönliches Gespräch, namentlich ansprechen);
- wichtige Kaufmotive bei Senioren sind Gesundheit, Bequemlichkeit und soziales Mitgefühl, Sparsamkeit;
- wir helfen, indem wir z. B. eine Sitzgelegenheit anbieten, schwere Taschen abnehmen, zur Tür begleiten;
- günstig für Senioren sind Kleinpackungen oder kleinere Mengen.

1.1.3 Kranke – Behinderte

- behandeln wir wie jeden anderen Kunden mit Respekt, Anstand und Hilfsbereitschaft;
- wir helfen gegebenenfalls beim Türöffnen, bieten einen Sitzplatz an.

1.1.4 Ausländer

- Wir sprechen langsam und deutlich, in kurzen Sätzen und in einwandfreiem Deutsch;
- wir legen sofort die Ware vor, lassen „die Ware sprechen".

1.2 Kundentypen

Wir können Kunden auch nach ihrem Verhalten einteilen und jeder Verkäufer kann durch genaue Beobachtung lernen, auf verschiedene Kundentypen individuell einzugehen.

- **Der Kunde ist gesprächig.**

  Der redselige Kunde ist oft sehr freundlich, erzählt gern und viel, meistens jedoch aber private Dinge, und lässt den Verkäufer kaum zu Wort kommen.

  Verkäuferverhalten: Interesse zeigen, den Kunden erzählen lassen und Sprechpausen nutzen, um durch geschickte Frageführung das Verkaufsgespräch in die richtige Bahn zu lenken, keine persönlichen Fragen stellen, aus Klatsch und Tratsch heraushalten.

- **Der Kunde ist überheblich.**

  Diese Kunden legen übertriebenen Wert auf ihr Äußeres, sie sind von sich sehr überzeugt, wollen die Schönsten, Besten und Klügsten sein.

  Verkäuferverhalten: siehe „Der Prestigebewusste", Kap. 1.3.

- **Der Kunde ist geizig.**
  Diese Kunden erwarten für ihr Geld einen hohen Gegenwert, finden oft den Preis zu hoch und versuchen, den Preis herunterzuhandeln. Meist glauben sie den Artikel in einem anderen Geschäft günstiger zu bekommen.
  Verkäuferverhalten: den Preis mit vorteilhaften Argumenten begründen, Sonderangebote, Waren der unteren Preisklassen, Restposten, Waren mit kleinen Fehlern oder Ratenkauf anbieten.
- **Der Kunde ist unentschlossen.**
  Diese Kunden wissen meist nicht, was sie wollen, und können sich zwischen mehreren Waren nicht entscheiden. Unentschlossene Kunden kann man an ihrem ratlosen Gesichtsausdruck schon äußerlich erkennen.
  Verkäuferverhalten: anschauliche Warendemonstration (aber nicht zu viel Ware vorlegen), Empfehlungen mit Begründung, Hinweis auf Umtauschmöglichkeiten geben.
- **Der Kunde ist misstrauisch.**
  Misstrauische Kunden erkennt man schon an ihrer Mimik. Ihr Blick ist skeptisch, die Lippen sind zusammengepresst und der Blick „wandert". Sie prüfen die Ware sehr genau und reden wenig.
  Verkäuferverhalten: die Ware in die Hand geben, selbst prüfen und ausprobieren lassen, handfeste Verkaufsargumente wiederholen und Hinweis auf Herstellergarantie geben.
- **Der Kunde ist sachverständig.**
  Diese Kunden kennen die Waren ganz genau, stellen fachkundige Fragen, verwenden Fachausdrücke und haben meistens ganz bestimmte Kaufwünsche.
  Verkäuferverhalten: Fachausdrücke verwenden, die Waren kurz und knapp beschreiben, ohne eigene Wertung, Hinweise auf Neuheiten im Sortiment geben.
- **Der Kunde ist rechthaberisch.**
  Diese Kunden wissen alles besser, haben eine vorgefasste Meinung, von der sie nicht loslassen, sie sind leicht reizbar und haben ein übertriebenes Geltungsbedürfnis.
  Verkäuferverhalten: den Kunden reden lassen, viel Zustimmung geben, loben und gegebenenfalls den Kunden um seinen Rat oder seine Meinung fragen.

1.3 Konsumtypen

Seit Beginn der 90er-Jahre werden die Lebensstile in Deutschland in drei Kategorien unterteilt, die sich wie folgt darstellen:

- **traditioneller Lebensstil:** aufgeschlossen-häuslich, bodenständig, bescheiden-pflichtbewusst.
- **moderner Lebensstil:** aufstiegsorientiert, funorientiert-jugendlich, trendbewusst, angepasst, cool, geltungsbedürftig.
- **gehobener Lebensstil:** arriviert, jung-individualistisch, neu-familiär.

Diese „Lifestyle-Beschreibungen" lassen sich natürlich noch weiter detaillieren:

- **Der Prestigebewusste**

  Er ist geltungsbedürftig, ist auf gutes Ansehen gegenüber anderen aus. Er kauft gern Teures und Seltenes. Er hat gern Gäste und zeigt diesen und seinen Bekannten, was er Teures gekauft hat. Man muss den Dingen jedoch ansehen, dass sie teuer und luxuriös sind.

  Der Verkäufer kann sich wie folgt verhalten: viel Lob und Anerkennung aussprechen, Komplimente machen, keinen Widerspruch herausfordern und dem Kunden das Exklusivste, Teuerste und Einmalige anbieten.

- **Der Gesundheitsbewusste**

  Was er kauft, beurteilt er nach dem Gesichtspunkt der körperlichen Bekömmlichkeit. Er ist empfänglich für alle Argumente, die sich auf Diät, Fitness oder Umweltschutz beziehen.

- **Der umweltbewusste Kunde**

  Die eigene Bequemlichkeit darf zwar nicht zu sehr eingeschränkt werden, aber leichte Nachteile (z. B. höhere Preise) nimmt dieser Kunde für umweltschützende Produkte und Maßnahmen in Kauf. Umweltbewusste Kunden kommen in höheren sozialen Schichten und in Familien mit kleinen Kindern überdurchschnittlich häufig vor.

- **Der bequeme Kunde**

  Er ist oft nicht grundsätzlich bequem, sondern hat seine Interessen an anderer Stelle. Er ist ganz auf Beruf oder Hobby konzentriert und versucht deshalb, sich von anderen Dingen freizumachen. Kauft alles, was ihm Zeit spart.

- **Der Sonderangebotsfanatiker**

  Kauft grundsätzlich Sonderangebote, auch wenn er sie nicht braucht und ohne zu vergleichen. Er ist wenig qualitätsbewusst, typischer Restekäufer und kauft meist spontan, ohne längere Vorplanung. Auf diese Weise fällt er oft herein, weil er schlechte Qualität kauft oder Dinge, die er nicht braucht – neigt damit zur Überbevorratung.

2 Kunden in Begleitung

Beispiel:

Eine Kundin kommt mit ihrer 15-jährigen Tochter in ein Bekleidungsgeschäft. Die Tochter wünscht sich zum Geburtstag eine Jacke für den Winter und damit die Mutter den Geschmack der Tochter trifft, gehen sie gemeinsam das Geburtstagsgeschenk kaufen. Bei der Auswahl kommt es zu einem Konflikt zwischen Mutter und Tochter.

Mutter: „Für diese Jacke gebe ich nicht so viel Geld aus, die ist ja kaum gefüttert, da wirst du doch frieren."

Tochter: „Alle meine Freundinnen haben solche Jacken, ich möchte nicht so altmodische Sachen anziehen!"

Mutter: „Finden Sie nicht auch, dass die Jacke viel zu dünn ist?"

Verkäuferin: „Ich verstehe Ihre Bedenken, die Jacke erscheint recht dünn. Sie ist jedoch aufgrund des Materials wind- und wasserdicht, so wird Ihre Tochter garantiert nicht frieren. Außerdem ist zurzeit der so genannte Lagenlook im Trend. Das bedeutet, wenn es sehr kalt ist, kann Ihre Tochter noch ein Kleidungsstück mehr anziehen."

Kommen Kunden mit Begleitung, so bedeutet das für den Verkäufer eine große Herausforderung. Die Bedienung zusammengehöriger Personen ist Zeit raubend und schwierig, weil der Verkäufer ständig das Verhalten der Begleitpersonen beobachten und berücksichtigen muss. Warum bringen Kunden Begleitung mit? Hierfür gibt es verschiedene Gründe:

- Familien kaufen gemeinsam, wenn es um langlebige Gebrauchsgüter geht, z. B. Autos.
- Eltern kaufen für ihre Kinder. Um Fehlkäufe zu vermeiden, bringen sie die Kinder mit.
- Familien unternehmen einen gemeinsamen Einkaufsbummel.
- Kunden fürchten, dass ihnen etwas aufgedrängt wird, was sie nicht wollen.

Da sich die Begleitpersonen in ihrem Verhalten unterscheiden, müssen Sie herausfinden, ob sie sich für die Verkaufshandlung interessieren, über wie viel Fachwissen sie verfügen und welchen Einfluss sie auf den Kunden ausüben.

Wir unterscheiden vier Arten von Kundeneinkäufen in Begleitung

- Die Begleitperson ist interessiert.
- Die Begleitperson ist nicht interessiert.
- Die Begleitperson ist sachverständig.
- Ein Kunde kauft für eine Begleitperson ein.

2.1 Am Kauf interessierte Begleitung

Manchmal bringen Kunden bewusst Begleitpersonen mit, weil sie unsicher sind oder misstrauisch gegenüber dem Verkäufer. In diesem Fall nehmen die Begleitpersonen aktiv an der Verkaufshandlung teil. Bei ihnen kann es sich um wirkliche Fachleute oder um Laien handeln. Sie müssen feststellen, wie fachkompetent der Begleiter ist, denn davon hängt ab, wie Sie die Begleitung in die Verkaufshandlung einbeziehen.

2.2 Am Kauf nicht interessierte Begleitung

Die Begleitperson ist am Einkauf nicht interessiert

Desinteressierte Begleitpersonen können Sie an ihrem Verhalten erkennen. Diese Personen wenden sich gleichgültig ab oder beschäftigen sich anderweitig, sie gehen unruhig auf und ab oder erscheinen nervös. Kleinkinder quengeln, schreien oder laufen weg. Durch das störende Verhalten üben sie oft einen negativen Einfluss auf die Verkaufshandlung aus.

Maßnahmen des Verkäufers

- „Versorgen" Sie die Begleitperson, damit der Kunde in Ruhe einkaufen kann.
- Bieten Sie Erwachsenen oder Jugendlichen einen Sitzplatz an und legen Sie Zeitungen oder Zeitschriften bereit.
- Weisen Sie, falls vorhanden, auf die Cafeteria hin.
- Beschäftigen Sie Kinder entsprechend ihrem Alter (Bücher, Spiele, Malbücher usw.).
- Bringen Sie die Kinder in eine Spielecke (falls vorhanden).
- Falls es möglich ist, übergeben Sie Kleinkinder einer Kollegin.

10

2.3 Sachverständige Begleitung

Die sachverständige Begleitperson können Sie an folgenden Verhaltensweisen erkennen:

- geht sicher mit der Ware um,
- sucht selbst nach geeigneter Ware,
- erläutert dem Kunden Vor- und Nachteile,
- besitzt Material- und Warenkenntnisse,
- bringt sachliche Argumente,
- äußert Fragen oder Einwände,
- verwendet Fachausdrücke.

Verhaltensweisen des Verkäufers

- Sie beziehen die Begleitperson bewusst in das Verkaufsgespräch mit ein, wobei Sie aber den eigentlichen Kunden nicht vernachlässigen dürfen.
- Stellen Sie Ihre eigene Sachkenntnis unter Beweis und zeigen Sie, dass Sie mit der Ware und dem Sortiment vertraut sind.
- Geben Sie dem sachverständigen Begleiter die Gelegenheit, die Ware selbst zu erklären oder zu empfehlen.
- Lassen Sie die Ware sprechen und geben Sie Hinweise auf Neuheiten, Preisunterschiede und Serviceleistungen.

2.4 Kauf für eine Begleitperson

Ein Kunde kauft für eine Begleitperson

In dieser Situation ist es die Aufgabe des Verkäufers, die Wünsche der Begleitung mit den finanziellen Möglichkeiten und Vorstellungen des eigentlichen Käufers in Einklang zu bringen. Wie Sie am Eingangsbeispiel zum Thema gesehen haben, bestehen häufig grundlegende Meinungsverschiedenheiten in Geschmacksfragen oder Preisvorstellungen (besonders zwischen Eltern und Kindern).

Verhaltensweisen des Verkäufers

- Versuchen Sie die Vorstellungen aller Beteiligten zu berücksichtigen.
- Sprechen Sie bei der Argumentation beide Parteien an, unterstützen Sie geschickt die Partei, die über die besseren Argumente verfügt.
- Kommt es zu Streitigkeiten oder Auseinandersetzungen, halten Sie sich zurück und lassen Sie die Kunden für kurze Zeit allein.

3 Verkauf bei Hochbetrieb und Ladenschluss

3.1 Ursachen für Hochbetrieb

Kunden kaufen nicht gleichmäßig verteilt über den Tag, die Woche oder das Jahr, sondern sie kommen dann, wenn sie die Waren benötigen (z. B. vor den Wochenenden oder Feiertagen) oder Zeit zum Einkaufen haben (nach Arbeitsschluss) oder wenn sie über Geld verfügen (am Gehaltstag). Zu diesen Zeiten herrscht im Geschäft besonders großer Kundenandrang.

Auswirkungen:

- lange Wartezeiten
- verärgerte Kunden
- Umsatzeinbußen
- Diebstahlgefahr

3.2 Vorbereitung auf Kundenandrang

Die Hochbetriebszeiten sind bekannt und werden auch bei der Personalplanung berücksichtigt. Füllen Sie rechtzeitig Waren auf, sorgen Sie für genügend Wechselgeld und ausreichend Verpackungsmaterial. Festigen Sie Ihre Verkaufsfertigkeiten. Bieten Sie den Kunden Serviceleistungen an, die Kundenandrang abbauen helfen: Bestellsystem, Abonnement-Kauf mit Zustellservice usw.

3.3 Verhalten bei Hochbetrieb

Behalten Sie den Überblick – keine Hektik verbreiten. Bleiben Sie freundlich und zuvorkommend, auch wenn Ihre Kunden gereizt und ungehalten sind. Unterlassen Sie alle Nebentätigkeiten und konzentrieren Sie sich ganz auf den Kunden. Achten Sie darauf, dass Sie die Kunden der Reihe nach bedienen. Bedienen Sie schneller als sonst, aber nehmen Sie sich für die Bedienung noch so viel Zeit, dass die Kunden nicht das Gefühl haben, abgefertigt zu werden.

3.4 Mehrfachbedienung

Bedienen Sie nur in Ausnahmefällen mehrere Kunden gleichzeitig. Holen Sie sich dabei die Zustimmung des ersten Kunden ein und bedanken Sie sich dafür. Legen Sie beiden Kunden ausreichend Ware vor und beobachten Sie die Kundensignale laufend. Geben Sie dem ersten Kunden immer den Vorrang.

3.5 Verkaufsablösung/Verkauf bei Ladenschluss

Bei Verkaufsablösung ist es wichtig, dass Sie sich auch hier beim Kunden entschuldigen. Informieren Sie Ihren Kollegen im Beisein des Kunden über den Stand des Verkaufsgespräches. Verabschieden Sie sich beim Kunden und danken Sie für das Verständnis.

Naht das Ende der Öffnungszeit, werden in den meisten Geschäften akustische Hinweise auf das baldige Schließen gegeben. In kleineren Unternehmen wird der Kunde persönlich vom Verkäufer auf diesen Umstand aufmerksam gemacht. In jedem Fall sollte der Grundsatz berücksichtigt werden, den Kunden ohne Druck zu Ende zu bedienen. Bei umfangreicheren Kaufabschlüssen (Möbel) kann auch ein weiterer Termin vereinbart werden. Der Kunde wird – z. B. mit Hinweis auf betriebliche Sicherheitssysteme – um Verständnis gebeten.

4 Besorgungskauf/Geschenkkauf

4.1 Unterschiede

Besorgungskauf	Geschenkkauf
▶ im Auftrag und oftmals konkrete schriftliche Vorgabe des Kaufwunsches ▶ kaum Spielraum hinsichtlich des Preises	▶ meistens ohne Auftrag und konkrete Vorstellung ▶ großzügigeres Verhalten in Bezug auf Preishöhe

4.2 Notwendige Informationen für Geschenkkauf

Beim Geschenkkauf liegen besondere Kaufmotive vor. Für den Verkäufer ist es einfach, wenn der Kunde, der ein Geschenk machen will, genaue Vorstellungen hat. Viele Kunden aber sind bezüglich der auszuwählenden Ware unsicher und erwarten vom Verkäufer, dass er ihnen hilft, ein passendes Geschenk zu finden. Diese besondere Situation erfordert vom Verkäufer Geduld und Einfühlungsvermögen.

Der Kunde weiß, was er schenken möchte.

In diesem Fall führen Sie die Ware vor und beschreiben ihren Nutzen und die Wirkung. Führen Sie den gewünschten Artikel nicht oder haben ihn nicht vorrätig, unterbreiten Sie andere ähnliche Geschenkvorschläge oder bieten dem Kunden an, eine Sonderbestellung durchzuführen.

▶▶ **Beispiel:**

„In diesem ‚Knetspaß-Koffer' findet Ihr Kind alles, was es zum Kneten braucht: von Knetmesser, Knetschere, Förmchen bis hin zu verschiedenen Knetarten. Mit diesem Geschenk fördern Sie den Tastsinn und die Fantasie Ihres Kindes."

Der Kunde weiß nicht, was er schenken soll.

Der Kunde ist unsicher und erwartet von Ihnen Rat und Hilfe. Um den Kunden richtig beraten zu können, benötigen Sie einige Informationen über den Beschenkten. Zahlreiche Hinweise bekommen Sie schon beim Nennen des Kaufwunsches, ohne dass Sie dem Kunden Fragen stellen müssen.

▶▶ **Beispiel:**

(In der Parfümerie) „Ich suche ein Geburtstagsgeschenk für meine Schwester."

Aus der Aussage des Kunden erkennen Sie schon den Anlass und für wen das Geschenk bestimmt ist. Sie können jetzt spezielle Vorschläge machen und anhand der Reaktion des Kunden merken Sie, ob Ihre Vorschläge passend sind.

Informationen, die benötigt werden, um den Kunden informativ zu beraten:

- **Wer wird beschenkt?**
  Wichtige Anhaltspunkte für die Produktauswahl finden Sie, wenn Sie sich nach dem Geschlecht, dem Alter, Geschmack, Hobbys oder Gewohnheiten des Geschenkempfängers erkundigen.

- **Zu welchem Anlass wird geschenkt?**
  Den Anlass erfahren Sie meist schon, wenn der Kunde seinen Kaufwunsch formuliert. Oft suchen Kunden Geschenke zu Geburtstagen, Weihnachten, Hochzeiten oder Jubiläen.

4.3 Verkaufstechnische Umsetzung des Geschenkkaufs

Was Sie beachten sollen

Vermeiden Sie die Frage nach der Preisvorstellung des Kunden. Dadurch bekommen Sie zwar gewisse Anhaltspunkte, engen aber den Verkaufsspielraum ein. Kaufen Kinder bei Ihnen ein, dann sollten Sie nach dem Preis fragen, denn Kinder können den Wert des Geldes oftmals noch nicht richtig einschätzen.

Überhäufen Sie den Kunden nicht mit Fragen und werden Sie nicht indiskret. Zeigen Sie lieber die Ware, auch so können Sie durch die Reaktionen des Kunden weitere Informationen erhalten. Vermeiden Sie Fragen und Aussagen, wie:

- „Haben Sie an etwas Bestimmtes gedacht?"
- „Das wird schwierig!"
- „Schauen Sie sich doch einmal um, bei unserer großen Auswahl werden Sie bestimmt etwas Geeignetes finden."

Das passende Geschenk finden

Zeigt sich der Kunde bei der Kaufentscheidung unsicher, weil er nicht weiß, ob das Geschenk beim Empfänger ankommt oder ob er es schon besitzt, so können Sie ihm die Entscheidung erleichtern, indem Sie folgende Serviceleistungen anbieten:

- Umtauschrecht
- Zustellservice
- Auswahl mitgeben

Findet der Kunde nichts Passendes, bieten Sie ihm einen Geschenkgutschein an. In diesem Fall kann sich der Empfänger selbst einen geeigneten Artikel aussuchen.

10

4.4 Verpackung von Geschenken

Nach getroffener Auswahl bieten Sie dem Kunden an, die Ware als Geschenk zu verpacken. Entfernen Sie vor dem Verpacken unbedingt die Preisetiketten. Wählen Sie die Geschenkpackung oder das Geschenkpapier gemeinsam mit Ihrem Kunden aus. Bitten Sie den Kunden, den Kassenbon aufzuheben, falls die Ware umgetauscht werden soll.

5 Verkaufsstörungen

5.1 Ursachen für Verkaufsstörungen

Es gibt Situationen, durch die ein Verkaufsgespräch unterbrochen wird. In der Regel haben Unterbrechungen des Verkaufsgespräches nur negative Auswirkungen. Der Kundenkontakt wird gestört und meistens sind die Kunden verärgert oder enttäuscht.

Mögliche Störungen des Verkaufsgespräches:

- Ein anderer Kunde wünscht Auskunft.
- Der Verkäufer wird ans Telefon gerufen.
- Ein Kollege oder eine Kollegin möchte etwas wissen.
- betriebliche Störungen wie z. B. Stromausfall oder Computerabsturz

Verkäuferverhalten bei Verkaufsstörungen:

- Entschuldigen Sie sich immer beim Kunden für Störungen.
- Fragen Sie Ihren Kunden, ob Sie kurz das Gespräch unterbrechen dürfen.
- Warten Sie die Antwort des Kunden erst ab, bevor Sie sich anderen Dingen zuwenden.

5.2 Verkaufsstörungen in Ausnahmesituationen

Zwangsläufig wird der Verkäufer gelegentlich auch in kritische Situationen geraten, die nur durch schnelles und überlegtes Handeln gemeistert werden können.

Dies setzt allerdings voraus, dass er:

- die möglichen Notfälle und Gefahrenquellen kennt,
- sich rechtzeitig und gründlich mit allen einschlägigen Vorschriften und Einrichtungen seines Betriebes vertraut macht (Vorsorge) und
- weiß, was er im Ernstfall zu tun hat.

Im Einzelnen betrifft dies Unfälle im Betrieb, Feuer und Überfälle.

Unfall

Vorsorge:

- Unfallverhütungsvorschriften
- Vorschriften über „erste Hilfe"
- Standort des Verbandskastens (Sanitätsraumes)
- Rufnummer eines in der Nähe praktizierenden Arztes
- Notruf

Verhalten im Notfall:
- Ruhe bewahren
- für sofortige, sachkundige erste Hilfe sorgen
- bei schweren Verletzungen unverzüglich den Notarzt verständigen
- erforderlichenfalls den Verletzten auf schnellstem Wege zum Arzt oder ins Krankenhaus bringen (lassen)

Feuer

Vorsorge:
- Brandschutzordnung
- Alarmeinrichtungen und Feuersignal
- Standort und Handhabung von Feuerlöschgeräten
- Lage der Notausgänge und Fluchtwege (die niemals mit Schränken, Regalen oder Waren verstellt werden dürfen)
- innerbetriebliche Maßnahmen zur Brandbekämpfung sowie zum Schutz von Personen und Sachen

Verhalten im Notfall:
- Ruhe bewahren
- sofort Betriebsalarm geben und die Feuerwehr verständigen (klare Meldung, zur Beantwortung von Rückfragen der Feuerwehr am Telefon bleiben!)
- mit vorhandenen Mitteln bis zum Eintreffen der Feuerwehr den Brand bekämpfen
- sofort feststellen, ob Menschenleben in Gefahr sind (Menschenrettung geht vor Brandbekämpfung)
- nach dem Feuersignal Bedienung einstellen und den Kunden hinausgeleiten (Aufzüge nie als Fluchtwege benutzen)
- aufgeregte Personen beruhigen und unüberlegte Handlungen (Panik) verhindern
- Anweisungen durch Lautsprecher befolgen
- bei verqualmten Räumen gebückt oder kriechend vorgehen (nasse Tücher vor Mund und Nase)
- Personen mit brennenden Kleidern nicht fortlaufen lassen, sondern in Wolldecken, Mäntel und Tücher hüllen, auf den Boden legen und hin- und herwälzen

Überfall

Vorsorge:
- Standort und Bedienung vorhandener Alarm- und Sicherheitseinrichtungen
- Notruf
- Schweigepflicht über betriebliche Angelegenheiten

Verhalten im Ernstfall:
- Ruhe bewahren (Leben geht vor Geld)
- wenn möglich Alarm auslösen
- keinerlei Widerstand leisten
- besondere Merkmale der Täter einprägen
- umgehend die Polizei verständigen

6 Ladendiebstahl

6.1 Ursachen für Ladendiebstahl

Die Prozentzahl der Diebstahldelikte nimmt immer mehr zu. Die Täter kommen aus allen Bevölkerungsschichten, wobei die Diebe immer jünger werden (ein Drittel Kinder und Jugendliche). Gründe für die Zunahme an Ladendiebstählen können die neuen erlebnisorientierten Präsentationsformen, Personalabbau oder die Änderung gesellschaftlicher Werte sein. Da die Schäden sehr hoch sind, kommt der Verhütung und Bekämpfung von Ladendiebstählen immer größere Bedeutung zu. Die meisten Diebe sind Gelegenheitstäter. Sie stehlen nicht aus wirtschaftlicher Not, sondern aus Leichtsinn, Raffgier oder Neid. Manche Kunden stehlen aus krankhafter Veranlagung, sie werden als Kleptomanen bezeichnet.

Ladendiebstahl

Gründe
- Raffgier
- Armut
- Leichtsinn
- Gelegenheit
- Nervenkitzel
- Kleptomanie

Personen
- Gelegenheitsdiebe
- Kleptomanen
- Gewohnheitsdiebe

Methoden
- Verschwindenlassen
- Vertauschen
- Täuschen des Verkäufers
- Veränderung des Preises

6.2 Diebstahlmethoden

Wenn Sie wissen, mit welchen Methoden Ladendiebe vorgehen, haben Sie gute Möglichkeiten, Ladendiebstahl zu verringern oder zu verhindern. Wir unterscheiden:

geplanter Diebstahl
- Der Dieb hat einen gezielten Plan, er weiß, was und wie er stehlen möchte.
- Der Diebstahl wird häufig von mehreren Personen durchgeführt (einer beschäftigt den Verkäufer, der andere greift zu).
- Die Diebe stehlen oft nach Auftrag, bevorzugen Waren von hohem Wert.

impulsiver Diebstahl
- Der Kunde wird erst im Laden zum Dieb, er wird durch einen Impuls angeregt, die Ware zu stehlen (Verkäuferin ist beschäftigt und außer Reichweite).
- Der Wert des Artikels spielt eine untergeordnete Rolle.

Häufige Methoden bzw. Tricks:

Ablenkmethoden

Mehrere Kriminelle arbeiten zusammen. Einer lenkt den Verkäufer ab (die Methoden sind vielfältig: Reklamation, Streit, Extrawünsche), der andere kann in Ruhe zugreifen und ungestört das Geschäft verlassen.

Versteckmethoden

- Die Diebe verbergen das Diebesgut blitzschnell und unauffällig in Mantel-, Jacken- oder Hosentaschen, im Ärmel- oder Kleiderausschnitt, in Einkaufstaschen oder Handtaschen, in Regenschirmen oder unter der Kopfbedeckung.
- Sie verstecken die Ware im Kinderwagen oder in Zeitungen (kleine, flache Waren).
- Die Diebe haben speziell eingenähte Taschen oder Taschen mit doppeltem Boden.
- Sie wickeln sich Sachen um den Körper.
- Die Diebe ziehen alte Kleidung über neue oder tauschen die Schuhe (alt gegen neu).

Offene Täuschung

Die Kunden reduzieren den Preis der Ware mit Rotstift oder herumliegenden Preisauszeichnungsgeräten.

Sie nehmen unbezahlte Ware und reklamieren erfundene Mängel.

Sie betrügen beim Geldwechseln – der Kassierer wird durch vorgetäuschte Eile und Geldwechselwünsche verwirrt.

Zu welchen Zeiten wird gestohlen?

Diebe kommen zu jeder Geschäftszeit, insbesondere bei Hochbetrieb, zur Mittagszeit, nach Arbeitsschluss, zu Jubiläums- oder Räumungsverkäufen.

6.3 Verkäuferverhalten bei Ladendiebstahl

- Beobachten Sie genau, behalten Sie verdächtige Kunden ständig im Auge.
- Stellen Sie die Kunden erst an der Kasse zur Rede, manche Kunden stecken versehentlich Waren ein.
- Sind Sie sicher, dass gestohlen wurde, bitten Sie den Dieb, ins Büro zu kommen, seine persönlichen Daten zu nennen und die Tasche oder Ähnliches zu öffnen. Sorgen Sie dafür, dass ein Zeuge dabei ist.
- Verweigert das der Dieb, rufen Sie die Polizei, bei Kindern oder Jugendlichen die Erziehungsberechtigten.
- Sie sind nicht berechtigt, den Kunden zu durchsuchen.
- Maßnahmen gegenüber Dieben sind Anzeige oder Hausverbot.

6.4 Vorbeugende Maßnahmen

Maßnahmen durch den Verkäufer	Maßnahmen bei der Verkaufsraumgestaltung und Warenpräsentation
▸ aufmerksam sein, die Kunden im Auge behalten ▸ den Kunden insbesondere bei hochwertiger Ware nur eine begrenzte und überschaubare Anzahl von Waren vorlegen ▸ den Kunden die Ware nur verpackt mitgeben ▸ die Ware erst einpacken, wenn bezahlt ist ▸ mit Kollegen Verkaufsablösung und Überwachung absprechen ▸ nur eine begrenzte Anzahl von Kleidungsstücken zur Anprobe mitgeben (evtl. Marken ausgeben) ▸ darauf achten, dass Kunden Körbe mitnehmen und große Taschen hinterlegen ▸ über Vorgehensweisen von Ladendieben informieren (Schulungen)	▸ keine toten Winkel und zu hohen Regale ▸ Spiegelsysteme ▸ übersichtliche Warenpräsentation ▸ höherwertige Waren gut sichtbar platzieren ▸ Videoüberwachungsanlagen ▸ abschließbare Vitrinen (Uhren, Schmuck) ▸ ausreichende Beleuchtung ▸ Preisetiketten, die sich nur schwer entfernen lassen ▸ Preisetiketten, die beim Passieren der Kasse Alarm auslösen ▸ hochwertige Kleidungsstücke anketten

Gesetzliche Grundlagen

§ 859 BGB

(1) Der Besitzer darf sich verbotener Eigenmacht mit Gewalt erwehren.

(2) Wird eine bewegliche Sache dem Besitzer mittels verbotener Eigenmacht weggenommen, so darf er sie dem auf frischer Tat betroffenen Täter mit Gewalt wieder abnehmen.

§ 121 StPO (Strafprozessordnung)

„Wird jemand auf frischer Tat getroffen oder verfolgt, so ist, wenn er der Flucht verdächtig ist oder seine Persönlichkeit nicht sofort festgestellt werden kann, jedermann befugt, ihn auch ohne richterlichen Befehl vorläufig festzunehmen."

Im Strafgesetzbuch wird unterschieden zwischen Diebstahl und Betrug:

§ 242 StGB (Diebstahl)

„Wer eine fremde bewegliche Sache einem anderen in der Absicht wegnimmt sich dieselbe rechtswidrig zuzueignen, wird wegen Diebstahls mit Gefängnis bestraft. Der Versuch ist strafbar." (Stehlen von CDs)

§ 263 StGB (Betrug)

„Wer in der Absicht, sich oder einem Dritten einen rechtswidrigen Vermögensvorteil zu verschaffen, das Vermögen eines anderen dadurch beschädigt, dass er durch Vorspiegelung falscher oder durch Entstellung oder Unterdrückung wahrer Tatsachen einen Irrtum erregt oder unterhält, wird wegen Betruges mit Gefängnis bestraft." (Preisetiketten austauschen, Umtauschbetrug)

7 Gewährleistung/Garantie/Produkthaftung/Kulanz

7.1 Rechtliche Grundlagen

Beispiel:

Ihre Stammkundin Frau Müller steht völlig aufgelöst vor Ihnen. In der einen Hand hält sie das bei Ihnen gekaufte Bügeleisen, in der anderen eine Bluse mit einem eindeutigen Brandfleck in Form eines Bügeleisens. Frau Müller fordert von Ihnen sofortigen Ersatz beider Waren, da sie der Auffassung ist, das Bügeleisen sei defekt und habe sich überhitzt.

Solche oder ähnliche Situationen kennt jeder Verkäufer aus seinem Berufsalltag. Bei der Lösung des Problems ist zunächst die Rechtslage zu klären.

Gewährleistung	Garantie	Produkthaftung	Kulanz
Unternehmer steht für Mangelfreiheit der verkauften Ware innerhalb der gesetzlichen Frist von 2 Jahren (Neuware)	Zusicherung des Herstellers von bestimmten Produkteigenschaften über den Gewährleistungszeitraum hinaus	Hersteller von Waren haftet für Schäden, die auf Fehlern der von ihm produzierten Ware beruhen	Umtausch ohne Rechtsgrundlage, beruht nur auf dem Entgegenkommen des Unternehmens
§ 437 BGB	**§ 437 BGB**	**§ 1 ProdHaftG**	

Wenn Frau Müller also mit ihrem Bügeleisen samt der verdorbenen Bluse bei Ihnen im Geschäft vorstellig wird, ist zunächst der Tatbestand der **Reklamation = Geltendmachen von Mängeln einer Sache oder eines Rechts** – erfüllt.

Die Inhalte der nachfolgenden Gliederungspunkte sollen Ihnen eine Orientierung bei der Behandlung derartiger Probleme geben.

7.2 Gewährleistung/Garantie

Gewährleisung bedeutet, dass der Verkäufer dafür einsteht, dass die gehandelte Ware frei von Sach- und Rechtsmängeln ist.

Der Verkäufer haftet daher für alle Mängel, die schon zum Zeitpunkt des Verkaufs bestanden haben, auch für solche, die sich erst später bemerkbar gemacht haben (sog. versteckter Mangel). Der Zustand der Ware zum Zeitpunkt der Übergabe ist dabei entscheidend. Die gesetzliche Gewährleistung nach § 437 BGB beträgt seit 1. Januar 2004 24 Monate, sie kann bei Gebrauchtwaren auf 12 Monate verkürzt werden. Bei etwaigen Mängeln muss **immer** beim Händler reklamiert werden.

Eine Garantie ist eine zusätzliche, freiwillige Leistung des Händlers und/oder des Herstellers, sofern der Händler diese Herstellergarantie an den Kunden weitergibt – wozu der Händler aber nicht verpflichtet ist.

Die Garantiezusage bezieht sich immer auf die Funktionsfähigkeit bestimmter Teile (oder des gesamten Geräts) über einen bestimmten Zeitraum. Bei einer Garantie spielt der Zustand der Ware zum Zeitpunkt der Übergabe an den Kunden keine Rolle, da ja die Funktionsfähigkeit der besagten Teile (oder des gesamten Geräts) für den Zeitraum **garantiert** wird. Je nachdem, ob die Garantiezusage gegenüber dem Kunden vom Händler oder vom Hersteller kommt, ist bei Mängeln der Händler oder der Hersteller anzusprechen. Bei der Garantie muss der Garantiegeber nachweisen, dass der vom Käufer beanstandete Mangel bei Übergabe der Ware noch nicht bestand.

Für den Kunden ist zu beachten, dass durch eine Garantiezusage die gesetzliche Gewährleistung in keinem Fall ersetzt oder gar – im Umfang oder der Zeitdauer – verringert werden kann, sondern immer nur neben der bzw. zusätzlich zur gesetzlichen Gewährleistung Anwendung findet.

7.3 Kulanz (Umtausch ohne Rechtsanspruch)

Häufig wollen Kunden Ware umtauschen, ohne dass ein Mangel vorliegt, oder der Verkäufer kann nicht feststellen, durch wen der Mangel an einer Ware entstanden ist. In diesen Fällen können Sie den Umtausch zurückweisen und den Kunden auf die rechtliche Lage aufmerksam machen oder Sie sind großzügig und kommen Ihrem Kunden entgegen. Dieses Eingehen auf den Kunden, ohne dazu verpflichtet zu sein, bezeichnen wir als Kulanz. Kulanz ist eine kundenfreundliche Maßnahme, die sich positiv auf das Image des Geschäftes auswirkt. Wenn Sie Ware ohne Umtauschvereinbarung zurücknehmen, können Sie die Ware gegen eine andere tauschen, einen Gutschein ausstellen oder den Kaufbetrag zurückerstatten.

▶▶ **Beispiel:**

Ein Ehemann kauft für seine Frau zum Geburtstag eine goldene Kette ohne Umtauschvereinbarung.

Die Frau trägt lieber Silberschmuck und kann mit der Goldkette nichts anfangen. Der Einzelhändler tauscht die Kette um, obwohl er nicht dazu verpflichtet ist.

Häufige Gründe des Kunden für den Umtausch ohne Rechtsanspruch:

- Die Ware entspricht nicht den Erwartungen des Kunden.
- Die finanzielle Belastung ist zu groß.
- Die Ware gefällt nicht.

In diesen Fällen treten die Kunden meistens anders auf als bei Reklamationen. Sie sind enttäuscht, weil sie die Ware nicht so verwenden können, wie sie es sich vorgestellt haben. Andererseits wissen sie nicht, ob die Ware umgetauscht wird.

Waren, die nicht umgetauscht werden müssen oder dürfen:

gesetzliche Gründe		**vertragliche Gründe**	
nicht vertretbare Ware (BGB)	Hygienevorschriften (Lebensmittelrecht, Verbraucherschutz)	reduzierte Ware	Räumungs- und Ausverkaufsware
Meterware, Sonderanfertigungen, Tiere	unverpackte Lebensmittel und Getränke, Waren, die mit dem Körper in Berührung gekommen sind, z. B. Kämme, Miederwaren	Ware 2. Wahl, Einzelstücke	Ware aus Sonderaktionen, Reste

In der Regel werden auch folgende Waren nicht umgetauscht:

- Abendkleider (manche Kunden wollen am Abend schick ausgehen und tauschen das Kleid am nächsten Tag wieder um),
- Waren, die zum einmaligen Gebrauch bestimmt sind, z. B. Karnevalsartikel,
- Artikel, deren Wertminderung durch Gebrauch äußerlich nicht zu erkennen ist, wie z. B. Batterien oder CDs.

Der Einzelhändler kann auch Waren, die vom Umtausch ausgeschlossen sind, aus Kulanzgründen zurücknehmen. Allerdings muss er diese Ware vom Wiederverkauf ausschließen.

Kulant kann der Einzelhändler auch in folgenden Fällen sein:

- nach Ablauf der durch Gesetz bestimmten Gewährleistungsfristen,
- nach Ablauf der vertraglich vereinbarten Garantie- oder Umtauschfristen.

Waren, die bei einem Versandunternehmen bestellt werden, können ohne Grund innerhalb einer festgelegten Frist zurückgeschickt werden. Viele Unternehmen handeln heute sehr großzügig und erfüllen aus Gründen der Kundenbindung nahezu alle Umtauschwünsche.

7.4 Produkthaftung

Seit 1. Januar 1990 haften die Hersteller von Waren für Schäden, die auf Fehlern der von ihnen produzierten Sachen beruhen.

§ **1 ProHaftG:** „Wird durch den Fehler eines Produkts jemand getötet, sein Körper oder seine Gesundheit verletzt oder eine Sache beschädigt, so ist der **Hersteller des Produkts** verpflichtet, dem Geschädigten den daraus entstandenen Schaden zu ersetzen."

Der Kunde hat also Anspruch auf Schadensersatz, ohne dass er dem Hersteller ein Verschulden nachweisen muss. Dieses **„Prinzip der Verschuldensunabhängigkeit"** schützt den Verbraucher, denn bevor das Produkthaftungsgesetz in Kraft getreten ist, musste immer der Kunde nachweisen, dass der entstandene Schaden ausschließlich durch das Produkt, also durch die gekaufte Ware, verursacht wurde.

Seit das ProdHaftG gilt, muss der Hersteller nachweisen, dass das Produkt beim Verkauf einwandfrei war. Besteht es aus mehreren vorgefertigten Teilen, so haftet der Hersteller des Endproduktes. Dieser muss sich dann mit den Zulieferern auseinandersetzen.

Beispiel:

Längst verkaufte Autos werden von den Herstellern in die Werkstatt zurückgerufen, wenn sich nachträglich Mängel an einem Teil herausstellen.

Ausgenommen von der Produkthaftung sind landwirtschaftliche Erzeugnisse des Bodens, der Tierhaltung und der Fischerei.

8 Finanzierungskauf

Beispiel:

Familie Lehmann erwartet Familienzuwachs und beschließt deshalb den Umzug in eine größere Wohnung. Allerdings wird es notwendig, für das Kinderzimmer eine neue Einrichtung zu kaufen. Sie entscheiden sich für einen Finanzierungskauf.

Der Finanzierungskauf ist eine günstige Möglichkeit der Kundenbindung. Wenn der Verkäufer im Beratungsgespräch auf diese Möglichkeit der Bezahlung hinweist, entscheidet sich der Kunde oftmals schneller für den Kauf. Er hat dadurch einen besseren finanziellen Spielraum.

Verhaltensregeln für den Verkäufer:

- Sitzplatz in entsprechender Entfernung von anderen Kunden anbieten (Diskretionszone)
- evtl. Begleitperson beschäftigen (z. B. Kinder)
- Vorteile des Finanzierungskaufes hervorheben
- rechtliche Rahmenbedingungen des Finanzierungskaufes klären, wie
  - Angabe des effektiven Zinssatzes
  - Widerrufsrecht: 14 Tage nach schriftlichem Vertragszugang ohne Angabe von Gründen (Belehrung über das Widerrufsrecht muss gesondert schriftlich erfolgen und vom Kunden unterschrieben werden.)
- Kaufentscheidung einschließlich Finanzierungskauf positiv einschätzen

9 Konfliktlösungsverhalten

Besondere Verkaufssituationen, wie sie in den Punkten 2–6 beschrieben werden, können auch immer Auslöser von Konflikten sein. Das „normale" Verkaufsgeschehen wird beeinträchtigt und die am Gespräch Beteiligten haben unterschiedliche Betrachtungsweisen zum Vorgefallenen. Damit das Verkaufsgespräch nicht eskaliert und andere sich in der Nähe befindlichen Kunden aufmerksam oder etwa unfreiwillig einbezogen werden, sollte Folgendes beachtet werden:

- Zeigen Sie Verständnis für den Ärger des Kunden, verhalten Sie sich freundlich und bleiben Sie ruhig.
- Suchen Sie einen Ort, an dem Sie ungestört sind, bieten Sie dem Kunden nach Möglichkeit einen Sitzplatz an.
- Ist der Kunde gereizt und aggressiv, geben Sie ihm die Gelegenheit, sich zu entladen. Überhören Sie persönliche und unsachliche Angriffe.
- Hören Sie dem Kunden aufmerksam zu und lassen Sie ihn aussprechen.
- Prüfen Sie sorgfältig und unvoreingenommen, ob Sie umtauschen müssen oder können.
- Entschuldigen Sie sich bei berechtigten Reklamationen für den Fehler.
- Können Sie die Schuldfrage nicht eindeutig klären, bieten Sie dem Kunden unentgeltliche oder preiswerte Reparatur an, Preisnachlass oder dass Sie die Ware an den Hersteller senden.
- Erkennen Sie, dass die Beschwerde unberechtigt ist und die Mängel auf Behandlungsfehler des Kunden zurückzuführen sind, machen Sie dem Kunden keine Vorwürfe.

Um Konflikten, die mit der Ware zusammenhängen, aus dem Weg zu gehen, sollten folgende vorbeugende Maßnahmen eingehalten werden:

Maßnahmen bei der Warenlagerung	Maßnahmen beim Verkauf
Ware beim Wareneingang genau prüfen	sorgfältige und ehrliche Beratung des Kunden
Qualitätsüberwachung	beim Kauf auf Einsatz, Bedienung und Pflege aufmerksam machen
Warenpflege	Kontrolle der gekauften Ware
Überwachung des Verfalldatums	kein Kaufzwang
tägliches Auffüllen der Warenregale	gewissenhafte Berechnung des Preises und sorgfältige Geldrückgabe

Stichwortverzeichnis